もうひとつの神の見えざる手

——極右勢力台頭の政治経済学——

相沢幸悦

もうひとつの神の見えざる手──極右勢力台頭の政治経済学──／目次

はじめに

欧米で登場した近代市民社会は、資本主義経済システムを基盤としているが、国民と生命・財産を守ることを契約している国家が、自由・平等・友愛および近代民主主義・多様性の容認・尊重という大原則にもとづいて政治をおこなってきたはずである。

この契約を成文化したものが「憲法」にほかならない。

ただし、ここでいう平等とは、あくまでも政治的平等のことをいうのであって、経済的平等（経済的格差がない）のことをいうのではないと考えられる。

というのは、資本主義では、資本家が工場などの生産手段を所有しており、無一物の労働者は資本家のもとで労働して生きていくしかないからである。だから、国家が守るべき財産は、あくまでも資本家のそれである。

財産権（私的所有権）を保障された資本家が労働者を雇用して、他人のことなど考えずに、ひたすら金儲けに走ると、神の「見えざる手」が機能することで、経済が成長・発展してきた。これが、アダム・スミスのいうほんらいの「見えざる手」である。神による「経済的機能」ともいうべきものである。

「見えざる手」が機能するということで、資本家が、ひたすら金儲けに走ると、労働者は、貧困のどん底に突き落とされてしまった。労働者が貧困から根本的に離脱するには、労働者は、資本家の生産手段を買収しなければならないが、残念ながら無一物である。

そうであるとすれば、資本家の財産権を保障した「憲法」を停止するために、労働者は、「社会主義」革命によって権力を奪取しなければならない。

資本家が支配する近代市民社会では、この革命を阻止するためにも、労働者の権利を保護する法制が制定された。労働者の主張は、きわめて正当なものだからである。したがって、この決着は、政治の世界でつけられる。

資本家・富裕層と労働者・庶民は、利害が決定的に対立するがゆえに、現代資本主義国家は、近代民主主義をきわめて巧妙に機能させてきた。すなわち、とことん議論をし、おたがいが可能なかぎりあゆみよるという近代民主主義がそれである。

もちろん、利害が真っ向から対立するので、政治の世界で、資本家・富裕層の利益を代表する中道右派と労働者・庶民の利益を代表する中道左派の二大政党制が確立した。

ここでは、原則として、可能なかぎり、公平・公正・中立な政治、経済の成長・国民の生活水準の向上などを実現しなければ、政権が交代するということである。

対立する勢力にも配慮して政治をおこなわなければならないのであって、近代資本主義というのは、けっして、資本家だけが国家を支配する政治・経済システムの手段ではない。資本主義のきわめて有効な政治システムが、近代民主主義にほかならないと考えられる。

一九九〇年代初頭に米ソ冷戦体制が崩壊すると、米大資本がグローバル（地球的）な規模で、なんの憂いもなくトコトン金儲けに走ることができるようになった。その帰結は、絶望的な経済格差の拡大および民主化などをめぐる内戦による大量の難民の発生である。

ここでいう平等というのは、あくまでも政治的平等であって、かつては、富裕層が多くの票をもっていたが、現代では、富裕層でも低所得者でも選挙では、平等に一人一票を投じることができる。

ここに、富裕層・大資本家にとって、近代市民社会の「進歩」の重大な「欠陥」がある。というのは、圧倒的な労働者・低所得者・庶民の立場に立つ政党が合法的に政権を奪取し、「社会主義」国家を樹立することも可能となったからである。

ところが、そうならなかったのは、資本主義というのは、とんでもなく図太く、したたかだからである。

なんと、この最悪の事態を回避すべく、もうひとつの神の「見えざる手」、すなわち政治的「見えざる手」が世界史の表舞台に躍り出てきた。

すなわち、政治的「見えざる手」が、富裕層・大資本家と労働者・低所得者・庶民の対抗を、なんと移民・難民と自国民（労働者・低所得者・庶民）のそれに転化させてしまったのである。

もちろん、ほんらいの「見えざる手」は、資本主義が資本主義であるかぎり機能しつづけるが、もうひとつの政治的「見えざる手」は、いずれ消滅するであろう。あくまでも資本主義体制維持のためのリリーフであると考えられるし、そうでなければならないからである。

二〇一七年、アメリカでの移民・難民排斥を声高にさけぶ富裕層出身のトランプ政権の誕生、ヨーロッパでの極右政党の台頭、一八年、イタリアでの極右政党と極左ポピュリズム政党の連立政権の登場などがそれである。

二〇一八年一二月には、難民受け入れに寛容であったドイツのアンゲラ・メルケル首相が、相次ぐ州議会選の敗北の責任をとって、与党キリスト教民主同盟の党首を退いた。同年、メキシコやブラジルでも、ミニ・トランプと呼ばれる大統領が誕生した。

もしかしたら、二〇一七・一八年というのは、西欧近代の大原則が大転換する世界史的画期だったのかもしれない。

ここで、どうして二〇一七年に真っ先にフランスで二大政党制が崩れ、ヨーロッパで極右政党あるいは極右的主張をする勢力が台頭してきたのか、米トランプ政権がなぜ誕生したのか、その政治的・経済的背景についてみてみることにしよう。

そのためには、自由・平等・友愛および近代民主主義と多様性の容認・尊重というのは、欧米近代の大原則であったとしても、はたして全人類に普遍的な大原則なのかというむずかしい疑問にも取り組まなければならない。

そのうえで、貧しい人も金持ちもいない社会の実現について考えてみることにしよう。

二〇一八年一二月

貧しい人も金持ちもいない社会をめざして　相沢幸悦

序章　もうひとつの神の「見えざる手」とは

神の「見えざる手」

経済学の父といわれるアダム・スミスは、経済が成長することについて、有名な「見えざる手(an invisible hand)」という言葉をつかって、つぎのようにいう(水田洋監訳『国富論』2、岩波文庫、二〇〇〇年、三〇三頁)。

個人は、「一般に公共の利益を推進しようと意図してもいないし、どれほど推進しているかを知っているわけでもない。国外の勤労よりは国内の勤労を支えることを選ぶことによって、彼はただ彼自身の安全だけを意図しているのであり、またその勤労を、その生産物が最大の価値をもつようなしかたで方向づけることによって、彼はただ彼自身の儲けだけを意図しているのである。そして彼はこのばあいにも、他の多くのばあいと同様に、みえない手

「見えざる手」に導かれて、彼の意図のなかにまったくなかった目的を推進するようになるのである。」

ようするに、「自分自身の利益を追求することによって、彼はしばしば、実際に社会の利益を推進しようとするばあいよりも効果的に、それを推進する。」（同書、三〇四頁）というのである。

このように、資本主義は、中小生産者が他人のことなどまったく考えずに、ひたすら金儲けに専念することで経済が成長・発展し、社会の利益が推進されるという。これが、資本主義を資本主義たらしめる、競争経済・市場経済メカニズムである。

どういうことかというと、生産者が、消費者のニーズにあうようないい商品を生産し、マーケットに供給すれば、購入されて、金儲けができるということである。

ところが、消費者のニーズに合致するような商品を生産することは至難のワザである。マーケティングなどをフル活用しても、消費者のニーズというのは、よくわからないからである。

だから、中小生産者というのは、消費者のニーズにあうと表象する商品、すなわち、いいモノで、便利で、安いものを生産し、マーケットに出す。売れる商品を生産・供給した中小生産者は金儲けができ、売れない商品を生産した中小生産者は倒産し、マーケットから退出をせまられる。退出させられた中小生産者は、再度、資金をかき集めて、さらにいい商品の開発をおこない、マーケットへの復帰を期する。

うまく消費者のニーズにあえば、ようやく金儲けができる。だが、うかうかしていると、ふたたびマーケットから退出をせまられるというきわめて過酷な世界である。

このようなメカニズムを機能させているのが、ほんらいの経済的な神の「見えざる手」なのである。

安くて、よりいいモノ、高機能商品しかマーケットに提供されないので、消費者の消費の質が高まり、経済が発展していくことになる。もちろん、労働者の賃金水準が上昇することが大前提であるが。

世界史の大転換の時代へ

二〇一六年六月のイギリス（UK）での国民投票におけるEU（欧州連合）離脱の決定は、世界中にきわめて大きな衝撃をあたえたが、まだ人々の想定内だったかもしれない。

イギリスは大英帝国であって、ヨーロッパではないと考える国民も少なくないからである。

ところが、同年十一月におこなわれたアメリカの大統領選挙で、トランプ当選を予測した人はほとんどいなかった。これほどあまりにも想定外の出来事というのもめずらしい。

ほんらいであれば、アメリカの大統領などになれるはずもないはずの泡沫候補が、あれよあれよという間に当選してしまった。

この驚愕の事態というのは、欧米の近代市民社会の大原則が瓦解していく、そのはじまりだったのかもしれない。トランプ氏は、この大原則をぶっつぶすとして当選したということが、きわめて重要なのである。

二〇一七年一月にトランプ政権が誕生すると、公約どおり、アメリカ第一主義、保護主義（TPPからの離脱など）、移民・難民の受け入れ規制、人種・民族・宗教などによる差別、白人至上主義の事実上の容認、「地球温暖化防止条約（パリ協定）」からの離脱などを実行し、あまつさえイスラエルの首都をエルサレムと認め、アメリカ大使館を移すことで、中東には暗雲が垂れ込めている。イラン核合意からの離脱もしかり。

現代において、近代市民社会が存立する大原則というのは、自由・平等・友愛および近代民主主義（ギリシャの民主政治をのぞいて）や多様性の容認・尊重（人々の個人的趣味などをふくめて）である。これを、自由・平等・民主主義ということにする。

トランプ政権が世界中から批判されるのは、とうぜんのことなのかもしれない。

欧米の近代市民社会を主導してきたイギリスやアメリカでのかかる事態は、フランス、ドイツ、イタリア、オランダ、オーストリアなどで、EU・ユーロ離脱、移民・難民の排斥、自国第一主義などをさけぶ極右政党やポピュリズム（大衆迎合主義）政党の台頭と無縁ではない。

資本主義は滅ぶのか

昨今の極右勢力の台頭は、一九九〇年代初頭の米ソ冷戦体制の崩壊ではじまった現代グローバリゼーションによって、経済格差が世界的な規模で拡大し、国民国家の枠組みでは、人々を統治できなくなり、現代の「国家」形態ともいうべきものに変質したからであると考えられる。

すなわち、けっして、みずから自主的に退出することのない資本主義の存続策なのであろう。

カール・マルクスは、「資本主義は、その失敗よって滅ぶ」といった。

ところが、実際に滅んだのは、資本主義より質的に高次の社会経済構成体であったはずの「社会主義」国であった。旧ソ連は一九九一年に崩壊した。

もちろん、さまざまな失敗をかさねてきた資本主義が勝ったのではなく、「社会主義」があまりにも非効率的で、民衆が立ち上がったこともあり、みずから滅んだのである。

マルクスと正反対のことをいったのは、J・A・シュンペーターである。いわく、「資本主義は、その成功によって滅ぶ」と。

失敗して滅ぶならまだわかるが、成功しているのになぜ、という疑問がわくのはとうぜんのことであろう。シュンペーターは、資本主義の発展にともなって国家に批判的な中間層が増大して、この勢力が資本主義を崩壊させるというのである。

歴史に燦然と輝く経済学者であるマルクスもシュンペーターも、いまのところ、その予測は、はずれている。そのはずれかたというのは、「見事」としかいいようがない。

マルクスにいたっては、資本主義の諸矛盾を克服するはずの「社会主義」まで、一九八〇年代後半から九一年にかけて破綻してしまったからである。

とすれば、マルクスのいうところの、資本主義の諸矛盾は克服できないのであろうか。

大学進学率が高まり、国民の知的水準が向上することで、シュンペーターのいう中間層がいちじるしく拡大しても、それは、資本主義の批判勢力とはなりえないのであろうか。

そうではなかろう。

けっしてみずから滅ぶことのなく、なりふりかまわず、見苦しくても生き延びる、ふてぶてしい資本主義の延命メカニズムともいうべきもの、すなわち、もうひとつの政治的な神の「見えざる手」がはたらくようになってきたのではなかろうか。

すべてはグローバリゼーションから

もしも、一九九一年のソ連邦崩壊による冷戦体制の終焉で、資本が世界中で金儲けするという現代グローバリゼーションが、たんに大資本・金融資本の世界的規模での収益機会追求の拡大だけであれば、二〇一六・一七年からはじまる世界史の激変はなかったかもしれない。

二〇〇〇年代に突入した現在、世界史が大転換しつつあるのは、現代グローバリゼーションには、経済的な側面だけでなく、欧米型民主主義の世界的な「強制」があるからと考えられるからである。

アメリカ大資本・金融資本が世界中で利潤機会を拡大するには、あくなき利潤追求を容認する自由・平等・民主主義が不可欠であった。

どのような手段を弄《ろう》しても、他人を蹴落としても、金儲けに走ることを可能にするものこそが、経済とりわけ金儲けの自由の徹底であり、かつ欧米型民主主義の徹底にほかならないからである。

だから、米ソ冷戦終結後しばらくして、中東・アラブ諸国において、欧米型民主主義の「強制」にたいする抵抗・内乱が勃発した。それはまさにサミュエル・P・ハンチントンのいう「文明の衝突」なのかもしれない。

自由・平等・民主主義が、欧米の近代市民社会の原則であったとしても、「普遍的」なものではないということの無理解の結果といえるのかもしれない。

この「文明の衝突」の間隙をぬって、テロリスト集団であるＩＳＩＳ（"Islamic State of Iraq and Syria"＝イラクとシリアのイスラム国）が「イスラム国」という国家の樹立まで宣言するにいたった。

シリアなどでは、政府軍と反政府軍との戦闘にテロリスト集団＝ＩＳＩＳがくわわり、三つ巴となって戦闘は激化し、戦闘地域の住民たちは戦闘から逃れるため膨大な難民となってヨーロッパに殺到した。これが、ヨーロッパにおける極右政党やポピュリズム政党台頭のきわめて大きな要因のひとつであると考えられる。


自由・平等・民主主義が大原則であるはずの欧米の近代市民社会において、それと相反する経済的「不平等」という格差の拡大によって、自国民（大資本・富裕層）と自国民（低所得者）との「戦争」が自国民と移民・難民との「戦争」に転化しつつある。

これが、資本主義存続のためのもうひとつの、政治的な神の「見えざる手」であって、世界史的転換のきわめて大きな特徴であると考えられる。

もちろん、一般には、ここでいう「平等」というのは、あくまで政治的平等であって、経済的「平等」ではないとされてきた。

だが、われわれは、批判を覚悟して、資本主義は成立以来、経済的にも「平等」でありつづけたと考えている。

すなわち、成人のすべてに選挙権を付与するという政治的平等とは次元が異なるが、経済的「平等」ということが資本主義存続の大原則であるということである。

資本（株式会社など）は、合法的にあくなき利潤追求をおこなうことが運命づけられているが、労働者は、みずからの生産活動による成果たる利潤から、生活できるだけのより多くの賃金を要求する権利を法的に認められている。これは正当な権利である。

ただし、現代において典型的な経済的不平等と考えられるのは、同一価値労働・差別賃金であり、とりわけ男女の間のそれである。

たとえば、非正規雇用者と正規雇用者が同一価値労働をおこなっているのに、非正規雇用者が差別賃金しか支払われていないのは、れっきとした経済的不平等である。

だが、非正規雇用者が資本に正当な権利をトコトン主張しないので、生活できない賃金しか獲得できないのであろうか。正規雇用中心の労働組合の限界なのだろうか。

日本では、口先では、働き方改革としょうして、国家が同一労働・同一賃金を実現させるポーズをしめしているが、資本の側に立つ自民党政権に経済的不平等解消のための気迫はみえない。とうぜんのことであろう。

非正規雇用者が、労働者としてのきわめて正当な権利を主張していない結果なのかもしれない。「万国の労働者、団結せよ」というマルクスの言葉を想起すべきであろう。

経済的「平等」と経済的不平等との併存、現代グローバリゼーションの進展とともに、「平等」のもとでの「不平等」(経済的格差は、ほんらいの不平等とは異なると考えられる)のいちじるしい拡大、ここに現代資本主義の大きな矛盾がある。

もうひとつの神の「見えざる手」

ポピュリズムは大衆迎合主義といわれるが、そうではなく、まさに人々の心情を体現したものであって「人民主義」とよぶべきだという意見もある(水島治郎『ポピュリズムとは何か』中公新書、二〇一七年、九―一一頁)。

だが、人民とは、資本により搾取・収奪される庶民なので、そういう言い方は正確ではないと思う。

ポピュリストは、予算のバラマキなど実現不可能なことまで平気で公約し、ばあいによってはウソまで垂れ流す。「ウソも百篇いえば、ほんとうになる」といったのは、ほかならぬあのヒトラー配下のゲッペルスである。

極右政党はすべてポピュリストであるが、それは、自分たちさえよければ他人はどうなってもよいという「自己（自国）中心主義（利己主義）」というべきものである。もちろん、人民というのは、けっして利己主義者ではないであろう。

極右政党をはじめとするポピュリズム政党は、ほんとうはそうではないが、自分さえよければ他人はどうなってもいいという人間の奥底にひそむ「心情」に訴えかけるものである。

極右ポピュリズム政党は、こうして、国家のなかで、自国民と移民・難民との戦争をしかけているといえよう。

資本主義が、みずからすすんで退出することなど、金輪際ありえない。社会主義革命など支持されるはずもないし、膨大な中間層が資本主義を主体的に変革するということも、現状では考えられない。

経済的格差が極限まで拡大し、政治的平等下の資本主義で、とうとう九九％（We are the 99

%）の人民が投票行動によって、国家の転覆をはかれるかもしれないところまで到達した現在、資本は、かつて利己心と利己心のぶつかり合いを回避するために社会契約論が必要となったような状況を再現しているかのごとくである。

自国民（労働者・低所得者・庶民）と移民・難民との「戦争」がそれである。

かくして、資本家の「代理人」である国家が、あくまでも自国民の支持を取り付けることで、政権を維持することが可能で、資本主義は安泰である。国民（民族）国家（ヨーロッパ）・大陸国家（アメリカ）のなかに、自国民の「敵」に仕立てられた移民・難民が存在するからである。

それは、江戸時代に差別された人々を最下層におき、きらわれるような仕事をさせて、庶民を分断し、長期政権を維持したことに似ているかもしれない。

国民国家・大陸国家が、経済的格差を巧妙に隠蔽し、大資本・富裕層と労働者・低所得者・庶民との「戦争」を回避するために、対立構造を自国民と移民・難民との「戦争」に転化し、資本主義を維持するための手立てとして見つけ出したのが、アメリカにおける共和党の極右化やヨーロッパにおける極右ポピュリズム政党の台頭にほかならないであろう。

もちろん、これは、意図的におこなわれたものではなく、政治的な神の「見えざる手」ともいうべきものによるのだろう。これがもうひとつの神の、しかも政治的な「見えざる手」であると考えられる。

アメリカでは、極右ポピュリズム政党の主張を丸呑みしたようなトランプ政権が登場し、オーストリアでは、極右政党が連立政権にくわわっている。イタリアでは、とうとう極右政党とポピュリズム政党の連立政権が登場した。

いよいよ、自国第一主義をかかげる国家と国家のエゴがぶつかりあう、すなわち武力行使による戦争が勃発することが懸念される。もちろん、人類は、そこまで愚かではないことを信じているが。

というのは、アラブ・中東諸国での内戦などが終結すれば、欧米諸国への難民流入が緩和され、いずれ難民と自国民の「戦争」が休戦状態になるはずだからである。

お互いの文化や伝統、すなわち多様性を尊重し、「文明の衝突」が緩和されていけば、平和な世界を取り戻すことができるはずである。イスラエルとパレスチナの問題は別にして。

そうなれば、資本主義を資本主義たらしめているほんらいの神の「見えざる手」とちがって、政治的なもうひとつの神の「見えざる手」は、後景にしりぞくことになるはずである。というよりもそうさせなければならない。

政治的な神の「見えざる手」というのは、結局は、貿易・経済戦争ばかりか、ほんとうの戦争に帰結する危険性がきわめて高いからである。

もちろん、人類は、そんな「戦争」をおこなっているばあいではない。現代の「戦争」というのは、地球環境と人類の『戦争』に転化しており、人類は、この「戦争」をただちに終結させなければならないからである。さもなければ悲惨な帰結にいたる。

すなわち　人類の滅亡!

第一章　資本主義は国民と国家の契約社会

1　各人と各人の戦争

(1) 社会契約論の登場

封建制から資本主義社会に転化していくためには、権力を国王・領主から資本主義経済の根幹をささえる中小生産者（資本家・新興ブルジョアジー）に移行させる市民革命が不可欠であった。そのばあい、新興ブルジョアジーが権力を掌握することの正当性が不可欠である。そうでないと、庶民の理解をえられず、権力の掌握に失敗してしまうからである。

もちろん、封建制下での国王や領主の贅沢三昧、領民からのあくなき収奪などによる国民の不満が市民革命の直接的な動機であったことはいうまでもないことである。

やはり、封建権力を武力行使などによって打ち倒すので、国民の支持を獲得するそれ相応の正当性が必要であったし、権力奪取後の支配形態を明確にする必要があった。

トマス・ホッブス（Thomas Hobbes）やジョン・ロック（John Locke）やジャン－ジャック・ルソー（J.-J.Rousseau）などが、国民の生命・財産を守ることを国家と契約しているという社会契約論（または社会契約説）をとなえたのはそのためである。

国家は、国民との契約、すなわち国民の生命・財産を守るために、自由・平等・安全の確保および近代民主主義の徹底と多様性の容認・尊重（自由・平等・民主主義）という理念にもとづいて統治するのが理想とされているが、その契約文書こそ「憲法」にほかならない。

「憲法」を制定し、王権や国家などの支配者の政治をしばるのが、立憲主義といわれるものである。

契約を遂行するうえで必要があれば、国民の自由・自己防衛などの自然権を奪い取る権利を国民から委譲されたものが国家権力である。

社会契約論では、国家が国民との契約に違反したばあいには、国民は、当該国家を転覆させる権利、すなわち革命権を保有していると考えられている。

軍事力や警察権などの実力装置を有する国家権力というのは、暴走する可能性があるので、国民は、「憲法」によって国家の行動をしばっているのである。

たとえば、「日本国憲法」は、第九十九条において「国務大臣、国会議員、裁判官その他の公務員は、この憲法を尊重し擁護する義務を負う。」と、公務員の「憲法」順守義務を明確に定めている。

さらに、総理大臣などの権力者が一部の者に特別に便宜をはかるなど権力を私物化しないように、たとえば「日本国憲法」は、第十五条において「すべての公務員は、全体の奉仕者であって、一部の奉仕者ではない。」と定めている。

(2) 各人と各人の戦争

イギリスの政治学者ホッブスは、ロックやルソーとともに、社会契約論をとなえて、近代市民社会の政治的原理である人間の自由や平等、権利などをあきらかにした（トマス・ホッブス著、水田洋訳『リヴァイアサン（1）』岩波文庫、二〇〇七年）。

その考え方は、フランスの人権宣言、アメリカの独立宣言に高らかに謳い上げられた。

ホッブスは、つぎのようにいう。

「自然は人びとを、心身の諸能力において平等につくったので、……人びとは生まれながら平等であ」（同書、二〇七頁）り、「したがって、もしだれかふたりが同一のものごとを意欲し、それ

にもかかわらず、ふたりがともにそれを享受できないとすると、かれらはたがいに敵となる。」(同書、二〇八頁)

「これによってあきらかなのは、人びとが、かれらすべてを威圧しておく共通の権力なしに、生活しているときには、かれらは戦争とよばれる状態にあり、そういう戦争は、各人の各人に対する戦争である、ということである。……戦争は……闘争へのあきらかな志向(であり)……そのほかのすべての時は、平和である。」(同書、二一〇—二一一頁)

ホッブスは、人々が生命を維持し、満足な生活をおくり、悲惨な戦争状態からのがれるために、国家(コモン-ウェルス)という絶対的権力が必要となるとし、国家の生成をつぎのようにいう(同『リヴァイアサン(2)』、二〇〇八年、三三一—三三三頁)。

人々を、外国人の侵入や相互の侵害から守り、それによって、かれらの安全を保障し、かれらが自己の勤労と土地の産物によって自己を養い、満足して生活できるようにする能力のある共通の権力を樹立するための、ただひとつの道は、かれらのすべての権力と強さとを、一人の人間にあたえ、または多数意見によってすべての意志をひとつの意志にできるような、人々のひとつの合議体に与えることである。

(3) ホッブスへの批判

名指しをしたというわけではないものの、このホッブスの考え方を批判したのが、ロックだといわれている(森順次「ジョン・ロックと立憲主義の理論」『彦根論叢』第46・47号、三九二頁)。

ホッブスは、ロックとおなじく近代的自然法思想の立場に立ちながら、ロックとはまったく逆の結論を引き出した。

ホッブスは、人々の契約によって形成された国家権力は、一歩これを制限すれば、それだけ「万人の万人に対する闘争(戦争)状態」たる自然状態に近づくことになるので、絶対的・無制限的たるものとしたからである。

すなわち、ホッブスは、スチュアート王朝の絶対王政にたいして、有力な思想的武器を提供したからだ、ということなのである。

そのロックをみてみよう。

2　ロックの見解

(1)　私的所有権

ロックは、私的所有権を生命・自由とならんで自然権として認めた。すなわち、

「自然状態には、これを支配する一つの自然法があり……この法たる理性は、……すべての人類に、一切は平等かつ独立であるから、何人も他人の生命、健康、自由または財産を傷つけるべきではない、ということを教え」(ジョン・ロック著、鵜飼信成訳『市民政府論』岩波文庫、二〇〇六年、一二頁)ている。

というのは、

「彼が自然が備えそこにそれを残しておいたその状態から取り出すものはなんでも、彼が自分の労働を混えたものであり、そうして彼自身のものである何物かを附加したのであって、このようにしてそれは彼の所有となるのである。……この労働は、その労働のなしたものの所有であることは疑いをいれないから、彼のみが、己の労働のひとたび加えられたものに対して、権利をもつ

のである。」（同書、三三頁）

このようにして、国家は、国民（人民）の生命、安全、財産（所有権）を守ることを国民と契約したものであるという社会契約論が登場した。かくして、

「人をして自然状態から国家状態に入らしめるのである。」（同書、九一頁）

（2）革命権

国家と国民との契約は「憲法」に明記され、「憲法」は、国民との契約を国家に厳格に履行させるための最高法規である。「憲法」は、あくまでも国家権力を拘束し、しばるものなのである。

したがって、国家が「人民の所有を奪いとり、破壊しようとする場合、あるいは恣意的な権力のもとに、彼らを奴隷におとし入れようとする場合……人民の生命、自由および財産に対する絶対権力を、自分の手に握ろうとし、または誰か他の者の手に与えようとするならば、この信認違反によって、彼らは、人民が、それとは全く正反対の目的のために彼らの手中に与えた権力を没収され、それは人民の手に戻るようになる。」（同書、二二一―二二二頁）

ロックは、国家というのは、国民の生命・健康・自由・財産を守ることを国民と契約しているのであるから、国家が契約違反をおかしたら、国民は、国家を変更する権利、すなわち抵抗権を有していることをあきらかにした。

こうした近代市民社会の国家概念の提示、イギリスでの一六四二年から四九年までの内乱（ピューリタン革命）、一六八八年の名誉革命、フランスでの一七八九年のフランス革命という市民革命が結合することによって、資本主義という経済社会構成体に移行する法的・実体的な前提がととのうことになった。

(3) アメリカ独立宣言

独立宣言の原理的核心

ロックの考え方は、一七七六年のアメリカ独立宣言の原理的核心となっている（同訳書解説）。アメリカの独立宣言によって、その独立革命が合理化されている政治原理というのは、つぎのようなものである。

ひとつは、人はすべて、創造主によって、平等に創られ、それぞれゆずるべからざる権利をもっている。

もうひとつは、政府は、この権利を保障するために、被治者の同意によってもうけられたものである。

三つ目は、その自然の結果として、政府を変更廃止することは、人民の権利である。

ロックがあきらかにしたのは、この原理の原型である。

ロックは、まず自然状態から分析をはじめ、そこですべてのものは平等であることをあきらかにし、そうして、万人は、平等で独立しているので、なにびとも他人の生命・健康、自由または財産を傷つけるべきではないというのが、理性の法の命ずるところだとするのである。

所有権と幸福追求の権利

人は、自分たちの所有を確実に享有し、他のものからの侵害にたいして保障され、安楽・安全で相互に平和な生活ができるように、協同体を形成し、政府をつくることに同意するようになる。

このばあい、すべての人は、自由・平等で独立しているので、なにびとも自分の同意なしに自然状態をはなれて、他人の政治権力に服従させられるということはない。

そうして、もし立法者が、人民の所有を奪い、それを破壊しようとし、かれらを恣意的権力のもとに奴隷状態におとそうとこころみるばあいには、人民は、もはやそれに服従する義務をまぬがれ、かれらの適当と考える新しい政府を設立する自由をもつようになる。

ロックは、基本的自然権における所有を重視し、所有権の保障を市民政府設立の大きな目的とみている。とくに、注目されることは、所有権というのは、労働にもとづくものであることを論証したことである。

ところが、アメリカの独立宣言は、ロックの原理をかなり取り入れているものの、この基本的自然権だけは、所有権にかえて、幸福の追求にたいする権利をあげているという（同解説）。

アメリカ独立宣言を参考にした「日本国憲法」も、第十三条で「幸福追求に対する国民の権利については、……最大の尊重を必要とする」と規定している。

3　ルソーの見解

(1)　社会契約論

人民の自由と平等の基本は、共同の力によって、各構成員の身体と財産を守り、保護する結合形態を発見すること、この結合形態によって、各構成員は、その全体が結合するものの、自分自身にしか服従することがなく、結合前とおなじように自由であることにあるとルソーはいう。

この問題に回答をあたえるのが社会契約である（J・J・ルソー著、桑原武雄・前川貞次郎訳『社会契約論』岩波文庫、一九五四年、三〇―三七頁）。

社会契約では、「各構成員をそのすべての権利とともに、共同体の全体にたいして、全面的に譲渡する」ので、「すべての人にとって条件は等しい」し、「誰も他人の条件を重くすることに関心をもたない」。

「この結合行為は、直ちに、特殊な自己に代わって、一つの精神的で集合的な団体をつくり出す。」

「結合行為は公共と個々人との間の相互の約束」であり、「各個人は、いわば自分自身と契約している」。

「自然状態から社会状態への、この推移は、人間のうちにきわめて注目すべき変化をもたらす。人間の行為において、本能を正義によっておきかえ、それまで欠けていたところの道徳性を、その行動にあたえるのである。」

「社会契約によって人間が失うもの、それは彼の自然的自由と、彼の気をひき、しかも彼が手に入れることのできる一切についての無制限の権利であり、人間が獲得するもの、それは市民的自由と、彼の持っているもの一切についての所有権である。」

さらに、「人間をして自らのまことの主人たらしめる」精神的・道徳的自由をも、「人間が社会状態において獲得するものの中に、加えることができ」る。「なぜならば、たんなる欲望の衝動〔に従うこと〕はドレイ状態であり、自から課した法律に従うことは自由の境界であるからだ。」

ようは、精神的・道徳的自由だけが、人間を真に自己の主人とすることができるということなのであろう。

ルソーは、「社会契約によって、われわれは、存在と生命とを政治体に与えた。いまや立法によって、それに運動と意志とを与えることが、問題にな」（同書、五七頁）り、しかも、「法は、本来、社会的結合の諸条件以外の何物でもない、法にしたがう人民が、法の作り手でなければならない。」（同書、六〇頁）という。

代議制の否定

ルソーは、主権は、代表されえないとして、代議制を否定する。そして、つぎのように面白いことをいっている（同書、一三三頁）。この指摘は、現代の議会の実態を如実にしめした、けだし名言である。

「人民がみずから承認したものでない法律は、すべて無効であり、断じて法律ではない。イギリスの人民は自由だと思っている、それは大まちがいだ。彼らが自由なのも、議員を選挙する間だけのことで、議員が選ばれるやいなや、イギリス人民はドレイとなり、無に帰してしまう。」

（2）政府の変更・廃止

ルソーは、直接民主主義を提唱するが、政府については、いつでも変更し、廃止することができると考える。そして、政府は、主権者の公僕であると主張してつぎのようにいう（同書、八四―八五頁）。

「政府とは何であるか？　それは臣民と主権者との間の相互の連絡のために設けられ、法律の執行と市民的および政治的自由の維持とを任務とする一つの仲介団体である。」

「一人民が首長〔政府〕に服従する行為は決して契約ではない、……委任もしくは雇い入れにすぎない。」

したがって、「主権者は、この権力を、すきな時に制限し、変更し、取りもどすことができる。というのは、このような権利を譲渡することは社会体の本性と両立せず、結合の目的にも反するからである。」

こうした考え方は、アメリカの独立宣言では、政府の正当な権力は、被治者の同意に由来し、人間の平等、生命の安全、自由と幸福の追求というほんらいの目的を毀損するばあいには、「人民はそれを改廃し、……あらたな政府を組織する権利を有する」とのべられている。

4　フランス人権宣言

（1）人間および市民の権利

みてきたような社会契約論にもとづいて、人間および市民の権利について、フランス人権宣言は、つぎのような宣言をおこなっている（高橋和之編『新版　世界憲法集』岩波文庫、二〇一二年、三三八―三四一頁）

「人は、自由で権利において平等なものとして生まれ、かつ、自由で権利において平等なものであり続ける。」

「あらゆる政治社会形成の目的は、人の自然的で時効消滅することない権利の保全である。その権利とは、自由、所有権、安全、圧制への抵抗である。」

「あらゆる主権の淵源は、本質的に国民に存する。」

「自由は、他人を害しない一切のことをなしうることに存する。したがって、各人の自然的権利の行使は、同じ権利の享受を他の社会構成員に保障すること以外の限界をもたない。」

「法律は、社会に有害な行為しか禁止する権利をもたない。」

「すべての市民が、自らもしくは代表者を通じて、その定立に参与する権利をもつ。……すべての市民は、法律の眼には平等であり、その能力に従い、かつ、徳性および才能によるもの以外の差別をされることなく、平等に一切の公的な位階、地位、職につくことができる。」

「何人も、法律が定める〔以外に〕、訴追も逮捕も監禁もされてはならない。」

「何人も、その意見のゆえに、たとえ宗教的意見であっても、その表明が法律の定める公の秩序を乱すものでない限りは、不安にさせられてはならない。」

「思想と意見の自由な伝達は、人の最も貴重な権利の一つである。ゆえに、すべての市民は、自由に語り、書き、出版することができる。ただし、法律の定める場合には、この自由の濫用に責任を負わねばならない。」

「公的強制力の維持のため、および、行政の諸費用のために、共同の分担金が不可欠である。それは、全市民の間に、その能力に応じて平等に配分されなければならない。……すべての市民は、自身であるいは代表者を通じて、公的分担金の必要性を確認し、……使途を見守り、かつ、その分担割合、標準、取り立ておよび存続期間につき決定する権利を有する。」

「社会は、すべての官吏に対し、その行政につき釈明を求める権利をもつ。」

「所有権は、不可侵かつ神聖な権利であり、何人も、適法に確定された公的必要性がそれを明白に要請する場合で、かつ、事前の正当な保障の条件のもとでなければ、その権利を奪われてはならない。」

　このように、フランス人権宣言は、社会契約論にもとづいて、自由・平等および私的所有権の保障という近代市民社会の基本的枠組みを明確に規定している。

（2）所有権の内実

　こうして、自分の労働を「売却」する自由、私的所有権が保障されることにより、資本家が労働者を雇用して、あくなき利潤追求をおこなう自由が確保され、資本主義発展の政治的・法的枠組みが整備されたのである。

　しかしながら、ここで保障された私的所有権というのは、じつは、自分の労働にもとづくものだったので、資本をもたない労働者、小作農民、老人や子供、家庭の主婦、障がい者、マイノリティなどの自由や権利は、あまり保障されなかった。

　したがって、資本主義が発展すると、さまざまな弊害が出てきたので、人間らしく生きる権利である生存権、国民がひとしく教育を受ける権利である教育権、労働者の権利を確保するための労働者の団結権、などの社会権が確立していった。

5　立憲主義の成立

（1）立憲主義とは

もともと立憲主義は、中世ヨーロッパつまり古代世界と別の文化として、ゲルマン人のつくり上げたヨーロッパ世界の遺産であった（福田歓一『近代民主主義とその展望』岩波新書、一九九〇年、三八―三九頁）。

近代憲法の考え方につながったのは、一三世紀はじめにイングランドでつくられたマグナ・カルタ（根本法）であり、国王によって侵害されない、さまざまな身分的特権を成文化したもの、すなわち成文法による王権の拘束を確認したものであった（同書、三九―四〇頁）。

フランス人権宣言は、権利の保障が不明確で、権力分立が定められていない社会は、「憲法」をもつものではない、と規定している。

したがって、「憲法」というのは、権利の保障と権力の分立を明確に規定することがきわめて重要な構成要素だということなのであろう。

国民は、国家が国民の生命・健康・安全・財産を守るための業務をおこなうことを契約（ルソーにいわせれば委任もしくは雇い入れ）している。この業務をおこなうために必要な政治手法が、自由・平等・友愛および民主主義と多様性の容認・尊重などであろう。

そのための政治的枠組みこそ、国民の権利の保障と権力分立と考えられる。このような制度を有する国ではじめて、「憲法」をもつ資格があるとフランス人権宣言はいいたいのであろう。

国家が国民との契約を厳格に遵守するように、実力装置を有する国家という権力を縛るのが「憲法」であるというのが立憲主義といわれるものである。立憲主義というのは、つぎのようなものであると考えられる（森順次、前掲論文、三八九頁）。

第一に、国家権力の濫用にたいして、国民の自由を確保するために、国家権力の作用を立法・司法・行政の三権に分立して各々独立の機関に担当させる。

第二に、国民の選挙によって選出された議員によって構成される国民代表議会をもうけて三権のうち立法作用をおこなわせる。

第三に、国民代表議会の制定する法律を司法および行政の準則にする。

このような政治原理が立憲主義であるが、これは、国家権力の濫用にたいして、国民の自由を確保するといういわば自由主義的な要請と、国家権力自体を国民の掌中におき、国民意思をもって国家意思とすることで、治者＝被治者＝国民という等式を実現するという、いわば民主主義的要請、このふたつを充足するものである。

絶対主義を打ち倒して政治権力を奪取した第三階級（中小生産者などの市民階級）にとって、必要にして十分な条件をそなえた、きわめて巧妙な政治原理なのである。

したがって、アメリカ独立やフランス革命などで市民階級が権力を掌握した諸国はもちろんのこと、市民階級の勢力が弱く、政治権力を十分に掌握できなかった諸国でも、なにほどか市民階級の政治的発言権が認められるかぎり、その度合いにおうじて、立憲主義の影響を受けた「憲法」を採用したのである。

（2）近代市民社会と憲法

国王が支配していた封建制から、新興ブルジョアジー（中小生産者）が支配する近代市民社会（資本主義）に移行するには、国民の生命・健康・安全・財産などを守ることを国家と契約しているという社会契約論が必要であった。

とりわけ、中小生産者などの資本を有する資本家が、資本をもたない労働者を雇用して、より多くの利潤を獲得するためには、絶対的な私的所有権を確立する必要があった。だから、国家に資本家の財産（私的所有権）を守ることを確約させる必要があった。

現代の「憲法」に財産権（私的所有権）が認められているのはそのためである。

国家が国民の生命・健康・安全・財産などを守るための契約を履行し、「各人と各人の戦争」を回避するために、自由・平等・民主主義を貫徹しなければならない。

各人の政治的自由と政治的平等を確保しなければ「戦争」が起こるので、自由・平等・民主主義が近代市民社会の大原則でなければならないからである。

「各人と各人の戦争」は、それぞれのエゴや利己心がむき出しにぶつかりあうことで勃発する。したがって、国家が国民との契約である生命・健康・安全・財産などの擁護・確保という契約を履行するためには、多数の意見・要望などを集約するしかない。各人がばらばらの意見・要望などをもっているからである。

近代民主主義というのは、意見・要望などについて徹底的に議論し、最後には多数決で決定するという制度である。決定には、反対した人もそれにしたがい、すべての国民におなじ便益などが提供される。

日本などでは、過半数できめることができるので、賛成派が過半数いれば、強引に採決してもいいのだといわれることが多いが、これは、絶対に民主主義などではない。

賛成派は、反対するのがたとえ少数派であったとしても、とことん議論しなければならない。もちろん、反対派が賛成に回ることはあまりない。とことん議論して、賛成派の議論はわかった、反対だけど採決には反対しないというところまで議論する。民主主義というものは、時間がかかるといわれるのはそのためである。

国民は、国民の生命・健康・安全・財産などを守ることを国家に委譲するので、国家は、警察や軍隊などの実力装置を有し、強大な権力を保有する。

この国家権力が暴走し、契約違反をしないように、国家を縛るものが「憲法」である。首相をはじめ公務員が全体の奉仕者であると「日本国憲法」に明記されているのは、国家の権力者が権力を私物化しないためである。

(3) 自由・平等

封建制社会のように、庶民に政治的自由がなく、職業選択や移動の自由、営業の自由などがなければ、資本主義への移行はできない、というよりも、そもそも資本主義経済が成り立たない。

封建制社会では、国王などが政治を支配しているので、人々は、政治の意思決定に参画する権利がなく平等ではなかった。

政治をおこなう権限は、神から与えられたという理屈で、国王や貴族が行使した。これが王権神授説といわれるものである。庶民には、政治的自由などなかった。

国王や領主が土地を所有していたので、その土地を耕作する農民には、職業選択の自由も、移動の自由もなかった。

したがって、農民の子は農民になるしかなく、他業種につくことはできなかった。職人の子も職人になるしかなかった。農民も市民も移動の自由はなかった。

近代市民社会にいたって、信教の自由、職業選択の自由、移動の自由、言論・出版・結社の自由などが認められたが、もっとも重要なことは、財産権の保障を大前提として、経済活動と利潤追求が完全に自由となったことである。

資本主義的生産は、生産手段などの資本を私的に所有する資本家と自分の労働を提供する以外に生活手段を確保することができない労働者によって担われている。資本家や労働者は、職業選択と移動の自由が認められ、あくまでも政治的ではあるが平等が謳われた。

というのは、国家は、国民と生命・財産を守ることを契約しており、「憲法」にもとづいて国家が政治をおこなうからである。そのために、議会(立法府)が設立され、現在、日本では、一八歳以上の全国民による普通選挙がおこなわれ、国民の代表が選出される。

資本主義社会では、生産手段などの資本を私的に保有している資本家が労働者を雇い、生産・サービスの生産をおこなって利潤をあげる。資本家は、利潤をあげなければ倒産するし、労働者は、資本家に雇用されなければ、賃金をもらえないので生きていけない。

これが資本主義経済である。奴隷制社会のように、生産の担い手である奴隷の人格すら認めず、ムチでたたいて奴隷を働かせることも、封建制社会のように、農民の自由を奪って、土地にしばりつけておく必要もない。

資本家は、必死になって経営しなければ倒産するし、労働者も雇用されなければ生存できないというのが、神の「見えざる手」だからである。

資本主義社会では、すべての国民は、職業選択と移動の自由、政治的平等が保障されることではじめて、「努力したら報われる」社会だということを信じて、必死になって労働にはげむ。

それは、マックス・ウェーバーのいうように、みずからの職業が、神から与えられた「天職」だからではない。倒産しないように経営しなければ、あるいは、労働者が労働することをやめたら生きていけないからである。没落しても、それはあくまで自業自得・自己責任ということなのである。

資本主義社会は、けっして「努力したら「必ず」報われる」社会ではないが、国家は、そのような幻想を国民にふりまいて統治する。ここからさまざまな軋轢が生ずる。

6　民主政治と近代民主主義

(1) 民主主義の大原則

近代市民社会は、国家が国民の生命・健康・安全・財産を守ることを国民と契約している。生命を守るというが、これは、すべての国民の生命が等しく平等ということではないであろう。

たとえば、アメリカのように、金持ちは高額医療を受診できて、低所得者が受けられずに命を落とすとなれば、国家と国民の契約違反にほかならない。

財産を守るということは、ほんらいは、金持ちの財産も、低所得者の財産も等しく守るということである。

ところが、残念ながら、労働者は労働するということしか売るものがなく、無一物である。はなっから、国家との契約で守ってもらう財産など労働者にはないのである。

だから、資本主義国家は、資本家の財産である生産手段を守るのが国民との契約だということになる。

国民の命の軽重と財産の格差を所与のものとして、国家が国民の生命・財産を守ることが、国家との契約である。

ようするに、資本主義というのは、冷酷な事実であるが、命と財産の格差を前提とするものであって、財産をはじめ賃金などの経済格差をなくすことは、近代市民社会ではとりあえず要請されなかったと思われる。

低所得者層の死亡率が高いとか、戦争で将校よりも兵卒の戦死する比率が高い(命の格差)とか、高額所得者(大資本家)・富裕層がますます金持ちになる(財産の格差)というのは、資本主義社会では消極的ではあるものの容認されてきた。

軍隊では、将校は教育された指揮官であって、突撃する兵卒に戦死者が多く出ることになる。これは、封建制のもとでもそうである。ところが、資本主義は、金持ちがますます金持ちになるのは、努力した結果なのだということになってしまっている。

このように、近代市民社会では、財産ばかりでなく、生命の格差すらも所与のものとして、国家が政治をおこなうのであるから、すべての国民の合意形成をはかることは不可能である。社会契約論でも国民の生命・財産を守るとはいうが、双方の格差を是正するのが国家の役割とはいってないだろう。

近代市民社会では、生命・財産の「格差」を所与のものとして、国家の使命が金持ちと資本家の生命・健康・安全・財産を守るとされたのかもしれない。

そうであるとすれば、資本主義国家は、全国民のコンセンサスをえて政治などおこなうことなどできるはずもない。財産のない労働者や低所得者などは、国家のおこなう政治には、なんのメリットもないので、多くのことに反対するはずだからである。

そうであるとすれば、政治的自由と政治的平等が大原則なので、利害が対立する国民の間での意思決定をおこなうことはできないということになる。

となれば、国民の生命・健康・安全・財産を守るという政治すらできなくなってしまう。そこで、近代民主主義という制度が登場したと考えられる。

（2）近代民主主義の成立

民主主義を民主政治ととらえると、二五〇〇年前のギリシャでつかわれた言葉ということになる。ここで、民主主義とはなにかということについて考えてみよう（福田歓一、前掲書）。

ギリシャのポリス（都市国家）では、自由民は、全員が集まる民会などをつうじて直接行政にたずさわることができた。自由民をいっさい差別しないということで、公職の選任は抽選によっておこなわれていた（同書、二四頁）。奴隷などを排除した、まさに自由民による民主政治ということであった。

いまでいう民主主義、すなわち近代民主主義は、欧米での市民革命をつうじて生み出された（同書、二九－三二頁）。

ひとつは、アメリカの独立革命の過程で民主主義という言葉が定着していき、もうひとつは、フランス革命で革命派が民主主義をとなえるようになった。ただし、このふたつの革命でも、民主主義ということが明示的に提示されたわけではなかった。

とはいえ、このふたつの市民革命の一五〇年あまり前、民衆が権力を奪うことによって身分制を徹底的に打ち破ろうとする近代民主主義の運動が起こった。それは、一七世紀におけるイングランドでの市民革命の時期であった。

民主政治は、ポリスのような小さな政治社会でないとできないと考えられてきたが、絶対王政が強権をもってつくり出した地域国家で実現しようという運動が生まれた。

そこで、国家を国民のものにし、自由・平等な個人が自分たちのための政治社会を構築するために民主主義が定着していった。

このことは、「天賦の権利を確保するために、人類の間で政府が組織され、その正当な権力は、被治者の合意に由来する」（同書、三三頁）とアメリカの独立宣言に明確に謳われている。

（3）最悪の政治形態

ウィンストン・チャーチル元英首相は、かつて「民主主義は最悪の政体である。ただし、人類がいままで経験した民主制以外のあらゆる政治形態を除いて」とのべた。

民主主義という制度が近代市民社会において、自由・平等を実現するうえですぐれた制度であることはまぎれもない事実である。

しかしながら、まれにみる民主主義的な憲法といわれた「ワイマール憲法」の規定にしたがって、議会で議席を伸ばし、ついには、ヒトラーが首相の座についたという歴史的事実を直視しなければならない。ヒトラーは、議会で過半数を獲得したわけではないが、「憲法」の規定にもとづいて、大統領がヒトラーを首相に指名したのである。

ヒトラーは、国民投票などを悪用して、国民の圧倒的な支持を受けた。独裁政権を可能にした「全権委任法」はあくまでも議会で承認されたものであり、首相と大統領を兼任する総統（フューラー）に就任したのも、民主主義手続きをへたものであった。

このように、首相の座の獲得、国民投票での高い支持獲得というヒトラーのおこなったことは、民主主義な手続きを踏み「法にのっとった」ものであったということになるのかもしれない。独裁政権の樹立も、「ワイマール憲法」の手続きにしたがったものである。もちろん、同「憲法」の不備を悪用したことによるものであったが。

ここに、近代民主主義のきわめて大きな落とし穴がある。

直接民主主義の代表的な国スイスにおいて、頻繁に国民（人民）投票がおこなわれ、長い間、婦人参政権が議会で認められても、国民投票で否決され、婦人参政権が承認されたのは、なんと一九七一年のことであった。

したがって、現在の安倍政権下の国会における強行採決の連発にみるまでもなく、かならずしも、民主主義が近代市民社会の政治制度として最善の制度とはいえないのである。

かといって、民主主義以外の適切な政治制度もみあたらないというのが、チャーチルのいいたかったことなのであろう。

（4）少数意見の重要性

ジョン・スチュアート・ミルは、『自由論』（塩尻公明・木村健康訳、岩波文庫、二〇〇三年）で、政策決定などにおいて少数意見の重要性を提起している。

ミルは、支配的な意見の「多数者の専制」や「無謬性の仮定」を批判した（小沼宗一「J・S・ミルの経済思想」『東北学院大学経済学論集』第一八二号、七七頁）。

ひとつは、たった一人の反対意見が真理かもしれない。

もうひとつは、たとえ少数の反対意見がまったくの誤謬だとしても、支配的意見は論争によってこそ、その合理的根拠がより明確になる。

三つ目は、一般的には、反対意見のなかであっても、真理の一部分がふくまれていることがある。

ミルは、このように少数意見の尊重をのべているが、それは、つぎのような理由による（同書、四四頁）。

「人間は、議論と経験によって、自分の誤りを正すことができる。経験のみでは十分ではない。経験をいかに解釈すべきかを明らかにするためには、議論がなくてはならない。誤った意見と実行とは、徐々に事実と論証との前に屈伏していく。」

（5）民主主義のあり方

民主主義とは

資本家と労働者は利害が決定的に対立するのであるから、ほんらいであれば、議会で一致して政策を遂行することなどできない。

企業が利益を上げようとすれば、徹底的に労働コストを引き下げる必要があるし、労働者の生活を改善しようとすれば、労働コストが跳ね上がり、企業収益が悪化するからである。

減税や規制緩和・撤廃などの企業寄りの政治をおこなって、企業が多くの収益を上げれば、そのおこぼれが下に滴り落ちて、労働者の生活も改善していくというトリクルダウンという詭弁はとうに破綻している。

そこで、資本家が妥協したり、労働者が譲歩したりする必要が出てくる。もちろん、国民の生命・健康・安全などを守るための政治をおこなううえで、すべての国民の意見が一致することが多いことも事実である。

したがって、政治を円滑に遂行するためには、議会において、徹底した議論がおこなわれなければならない。少数意見を徹底的に尊重する必要があるのは、国民の生命・健康・安全・財産を守るのが国家の使命だからである。

したがって、現在の日本、安倍政権下でしょっちゅうおこなわれているように、少数意見を封殺し、議会で過半数を占めているから、なんでも決めていいというのは、だんじて民主主義というものではない。

徹底した議論をおこない、少数意見を徹底的に尊重することが民主主義に絶対不可欠とされるのは、経験によることの誤謬を回避し、徹底した議論により真理に到達するためである。

少数意見をもっている人々も、反対であるが、採決もやむなしというところまで、とことん議論して議決するというのが民主主義である。

議論のプロセスで、少数意見のなかにも傾聴すべきものがあれば、どんどん取り入れていくということも重要である。これが、ほんとうの民主主義なのである。

このことの重要性は、民間株式会社の株主総会の議決をみればよくわかる。

株主総会でも普通決議は過半数で採決できる。もしも、会社の経営方針の議論で、少数意見が封じられたとすれば、当該少数株主は、会社に愛想をつかすであろう。そうしたばあい、株式を売却すれば、そんな会社とは縁を切ることができる。

株価が下落するなどして、当該企業は、社会的な制裁を受けることもある。

ところが、国家の意思決定において、少数意見が封殺されたとしても、少数意見をもっている人は、その国家と縁を切ることなどできはしない。できるとすれば、日本から脱出して外国に亡命するとか、外国の国籍や永住権を取得するしかない。そんなことをする人は少ないだろう。

民主主義の破壊

安倍政権のもとでは、国論を二分するような「特定秘密保護法」「安保法制」「共謀罪法（組織犯罪処罰法）」が十分な議論なく、立て続けに強行採決された。

これらの法案を強行採決するにあたっての政府・与党の理屈は、たとえば一〇〇時間議論したから、十分に議論がなされたというものであった。これはまさに本末転倒である。

野党の質問にたいして、首相が質問の本質をはぐらかすような、どうでもいい答弁を長々とおこなったことで、時間をくっただけのことだったからである。

どれだけ、反対派が納得したのかについてはまったく無視された。これでは、ほんとうの民主主義国家とはいえない。

二〇一八年二月には、なんと財務省による公文書の改ざんが暴露された。この事件は、国民の財産である国有財産を、首相夫人が名誉校長をつとめる学校法人に払い下げたいきさつをしめす公文書が改ざんされたものである。

「民主主義を守るための、国民的資産」である公文書を改ざんしたということは、まさに民主主義の破壊である。

だが、なんと大阪地検は、公文書改ざんをおこなった公務員全員を不起訴処分にした。改ざんを指示されたものの、良心の呵責に耐えかねて命を絶った若手公務員もいたのに、である。

二〇一八年八月には、中央省庁で、なんと、障がい者雇用の水増しが発覚した。厚生労働省は二八日、省庁の八割にあたる二七の行政機関で計三、四六〇人分を水増ししていたと発表した。

民間企業には、外部機関によるチェック体制があり、法定雇用率を達成できなければ、納付金という罰金が課せられている。

ところが、中央官庁は、たとえば障がい者手帳の確認をおこなわずに、職員の自己申告などで判断したりしていた。自己申告なしでおこなわれていた事例もある。多くの、地方自治体でも水増しが発覚した。

前世紀前半までの遺物であったはずの官尊民卑が、この時代に、いまだに大手をふってまかりとおっていることに、日本国民は驚愕した。国家は、悪いことをしないということなのであろうか。

ほんらいであれば、ときの内閣がぶっ飛ぶような重大事なのであるが、首相は、「しっかりとした調査を指示した」と「われ関せず」のふうであった。

これまでみてきたようなことは、明治維新以降、というよりも、第二次世界大戦後の近代民主主義というものが、西欧からの借り物民主主義であり、日本には、ほんとうの民主主義が根付かなかったということなのであろう。

イギリスやフランスのように、市民革命をへなかったことの悲劇なのかもしれない。

7　資本主義と民主主義

（1）資本家と労働者の闘い

「各人と各人の戦争」は、資本主義国家が成立したおかげでとりあえず回避できた。ところが、資本主義が成立すると、資本を所有する資本家と労働力を提供する以外にすべのない労働者との「戦争」がはじまった。

自由・平等でいうところの平等は、あくまで政治的平等あり、格差の拡大など経済的「不平等」（格差の拡大）こそが、資本主義の成長と存続の大前提である。

資本家が労働者を「搾取」「収奪」しなければ存続しえないところに、資本主義の絶望的な

「宿命」がある。ここに、資本家と労働者の「戦争」が勃発する根拠がある。

ところが、じつは、資本主義において資本家と労働者は、経済的に「平等」というところに事態の複雑さがある。この「戦争」というのは、正当な権利と正当な権利のぶつかりあいだからである。

すなわち、労働者にとって、よりよい生活のために賃上げや労働条件の向上、労働時間の短縮を要求するのは、けっして、不当なことではなく、まったくの正当な権利なのだ、ということである。

労働者が生み出した価値（労働の価値）と労働者の生存・後継者養成のための価値（労働力の価値）の差額が搾取といわれるものである。資本家は、労働力の価値どおりに賃金を支払っていれば、それは正当である。

資本家は生産手段を所有しているので、労働者とは、平等とはいえないが、少なくとも「不平等」ではない。ここに、資本主義制度固有の矛盾がある。

したがって、資本家は、徹底的に労働力の価値を引き下げて搾取を強化すると、労働生産性が上昇し、資本主義経済が成長していく。とうぜんのことながら、労働者は、みずからの生活を防衛するために、新規付加価値分の一部の配分を要求する。

国家が、労働者の正当な権利を行使する手段としてストライキ権などを認めているのはそのためである。ほんらい、ストライキなどは営業妨害であり就業規則違反である。

国家が労働者の権利を認める法律を制定し、資本家をきびしく取り締まるのは、労働者による正当な権利を擁護するためである。

(2) 二大政党制の登場

資本家と労働者は経済的に「平等」なので、みずからの立場を有利にすべく、政治の部面においては、資本家の利益を代表する政党と労働者の利益を代表する政党が選挙ではげしく戦う。労働者の不満が高まれば、労働者の立場を代弁する政党が政権を担当し、景気が低迷し、資本家の不満が高まれば、資本家の利益を代弁する政党が政権に復帰する。

これが、最近までつづいた欧米諸国での二大政党制(中道右派と中道左派)である。こうして、一九一七年ロシア革命以降、資本家と労働者の闘いが、「各人と各人の戦争(「社会主義革命」など)」に帰結するということはなかった。

見事な資本主義維持のための、政治的メカニズムというほかない。

もちろん、資本家(企業経営者)と労働者の闘いは依然として継続している。

だが、一九二九年世界大恐慌以降は、それまでのように神の「見えざる手」にすべてを委ねるのではなく、金本位制から管理通貨制に移行し、国家が経済に積極的に介入し、福祉のある程度の充実（資本主義国家の福祉国家への転化）などをはかることで、それを多少隠蔽することができた。

資本主義は、一九七〇年代にはいると成長率が鈍化してきたが、九一年の旧ソ連邦崩壊によって、「社会主義」体制が崩壊したことで、大資本・金融資本は、地球のすみずみまで出ていって利潤を追求できるようになった。

これが、現代グローバリゼーションのはじまりである。

その結果、非正規労働者と低賃金労働者の増大、庶民の無資産化など、経済・賃金格差がいちじるしく拡大することで、資本と労働者・庶民の闘いに、質的な変化がみられるようになってきた。

（3）資本の論理

資本にとって、国境・人種・肌の色・民族・宗教・言語の差異などは、どうでもいいことである。これが、資本の大きな特徴のひとつである。

資本の唯一・絶対的目的は、最大限の利潤獲得、この一点にあるからである。どんな人種・肌の色であろうと、いかなる民族であろうと、どの宗教を信じていようが、企業の利潤獲得に役立つ人間ということが雇用の絶対的条件である。

かつて中国共産党の鄧小平がいったように「黒い猫でも、白い猫でも、ネズミを捕るネコはいい猫だ」ということである。けだし至言である。

法人税などの各種税率が低い、規制が緩和・撤廃されている、有能な低賃金労働力を大量に雇用できる、ビジネス・チャンスがあるなどで、多くの利潤を獲得することができれば、大資本・金融資本は、地球の裏側にも出ていく。

大資本にとって、国境ほど邪魔なものはないのである。

戦後の冷戦下には、アメリカの多くの大資本・金融資本が多国籍企業化していったが、両体制間には大きな垣根があって、世界中で自由に利潤追求をおこなうには、かなりの障害があった。

ところが、一九九一年に「社会主義」体制が崩壊し、中国やベトナムなどの「社会主義」国も市場経済を導入したので、日米欧大資本は、低賃金労働力をもとめて大挙して中国などに進出した。

産油国・新興諸国でも経済が成長したので、それまで利潤機会が少なくなっていた大資本・金融資本は、大挙して地球のすみずみに進出していった。

中国などに進出した大資本は、低賃金労働力を雇用することで生産コストが激減し、利潤が大幅に増大した。欧米諸国に移民・難民が大量流入すると、当初は、本国においても、低賃金労働者はもちろん、有能な人材も雇用することができた。

だが、その帰結は深刻であった。欧米から大資本が大量に外国に進出することで、欧米諸国で自国民の雇用が失われるばかりか、欧米諸国に移民・難民が大量に流入することで、本国での雇用が「奪われ」た。

本国では失業の深刻化にくわえ、仕事があっても非正規雇用が中心で、貧富の格差がはげしくなっていった。大資本・金融資本の経営者や巨額の金融資産を有する富裕層がますます金持ちに、圧倒的多数の庶民は低所得者層に脱落していった。

（4）二大政党制の機能麻痺

経済格差が拡大するなかで、政府が、一握りの富裕層・大資本の利益を代弁する政治をおこなうと、圧倒的多数の自国民低所得者層は、生存をかけて革命を起こすであろう。国民の生命・健康を守ることを国民と契約しているはずの政府の契約違反だからである。

国家に国民の生命・健康を守らせるというのは、近代市民社会における国民の正当な権利である。かといって、低所得者層の利益を代弁する政治をおこなうこともできない。

もちろん、近代市民社会の大原則である、自由・平等・民主主義下の選挙制度では、低所得者層が多数派であれば、その代表が政権を奪取する。そこまではいかなかったが、二〇一六年の米大統領選挙での民主党の指名選挙で、民主社会主義者を自認するバーニー・サンダース候補が善戦した。

富裕層・大資本にとって、低所得者層の側に立つ政党に政権を奪取されたら、利潤追求ができなくなる。

資産増税、所得税の累進課税強化、法人税増税、贈与税・相続税増税、金融・証券税増税などの富裕層・大資本増税のほか、福祉充実、賃上げ・労働条件の向上、低所得者向けの各種規制などがおこなわれるからである。

そこで、資本主義は延命のため、自国民を分断するのではなく、「各人と各人の戦争」を自国民と自国内における他人種・他民族・他宗教との「戦争」に転化する戦略に大転換した。

これが現代の「各人と各人の戦争」であって、二〇一七年一月の米トランプ政権の誕生で火蓋が切られたとみていいであろう。

この「戦争」こそ、現在、欧米諸国で発生している新たな政治的事態の本質である。資本主義存続のための政治的な神の「見えざる手」が、有効に機能してきているといえるのかもしれない。

第二章　資本主義は経済的に不平等なのか

1　経済的にも「平等」

(1) 経済的不平等

近代市民社会の政治の大原則が自由・平等であるが、平等というのは、あくまでも選挙において一票を投ずることができるという政治的平等であって、経済的には不平等であるといわれる。

経済的不平等について、いくつか特徴的なものをみてみよう。

①資本家によって搾取（生産した付加価値以下の賃金）され、収奪される労働者は、低賃金状態におかれ、資本家は、労働者を搾取し、収奪するので、膨大な利潤を獲得する。これが利潤分配の不平等である。

②労働者の間での、正社員などの正規雇用者と派遣・パート・アルバイトという非正規雇用者という雇用形態の不平等である。

③成長産業と衰退産業、収益性の高い産業と低い産業、国際競争にさらされる産業と国内を中心とする産業の間には、派遣・パート・アルバイトという非正規雇用者はもちろん、正規雇用者であっても賃金の不平等がある。

大企業と中小企業にも、厳然たる賃金の不平等がある。

④無一物の労働者には生活費ギリギリの賃金しかもらえないので、預貯金や金融資産などを蓄積できないが、資本家や富裕層は、多くの資産をもっているので、運用などによってさらに資産を増やすことができる。これが資産の不平等である。

⑤資産家を親などにもつ子弟は、もちろん相続税を支払うが、相続によってその資産を自分のものにすることができる。贈与も贈与税を支払えば多額の資金などを労働なしにもらうことができる。資産をもたない親などの子弟はなにも相続できない。これが相続の不平等である。

⑥同一価値労働に同一賃金が対応していないという同一価値労働・差別賃金の不平等である。この不平等は、男性労働者と女性労働者の間での賃金格差などで顕著であり、とくに、昇進の格差などにもあらわれている。これは、まぎれもなく不平等なので、ただちに是正しなければならない。

（2）経済的「平等」が大原則

資本主義では「平等」

通常、資本主義社会には、このような経済的不平等があるといわれる。資本主義を大前提とするかぎり、所得や資産などの格差は容認されるものであって、あくまで経済的不平等ではない。もちろん、一般には、格差の拡大こそが経済的不平等といわれる。しかしながら、経済的不平等と格差の拡大を区別して論じなければ、現代資本主義の特質が明確にならないと考えられる。したがって、これらのうち、①から⑤は経済的不平等ではないであろう。もちろん、格差などが深刻化しているが、不平等でないからと、それを容認するものではない。

①資本家と労働者での利潤分配の不平等というのは存在しない。

次項で取り上げるように、資本家は、労働者の再生産費、すなわちその生存と後継者の育成のために必要な賃金を支払っているので、新たに生み出した価値のすべてを支払うという必要はないからである。

②正規雇用と非正規雇用というのは、企業の利潤追求にとって、それぞれ必要とする雇用形態として採用されるものである。

資本家側と労働者側の契約によって採用されるのであって、企業側の言い分からすれば、労働者側が納得して雇用されているはずだということになる。もちろん、そうでないところに大問題があるのだが。

③企業側からすれば、成長産業と衰退産業、収益性の高い産業と低い産業、国際競争にさらされる産業と国内を中心とする産業の間には、非正規雇用者や正規雇用者に賃金格差があるのは、しかたがないということになる。

利潤率が高い企業と低い企業というのは、競争原理が機能した結果なのであって、ほんらいの不平等ではないかもしれない。大企業と中小企業にも、厳然たる賃金の格差があるが、おなじように不平等ではない。

賃金格差の解消のために賃上げをすれば、競争力がない中小零細企業は倒産し、労働者は路頭にまようことになる。失業してまでも不平等を解消しろ、という声は出てこないであろう。

④持てる者と持たざる者が出てくるのは、競争が貫徹される資本主義市場経済ではやむをえないことである。そのことによって経済が成長し、持たざる者も、少しは豊かになっていくからである。あくまでも少しであるが。

株式市場の高揚や金融肥大化がすすんでいけば、企業や資産家は、ますます資産を増やしていくが、これは、経済法則によるものであって不平等ではない。

⑤資産家などを親などにもつ子弟は、相続や贈与によって、労働なしに、巨額の資金や資産や土地を手に入れることができる。

資本主義社会では、財産権（私的所有権）は「憲法」で保障されている。しかも、相続や贈与を受けた資産は、相続や贈与をする側が、労働などによって獲得したものである。

もちろん、以上のような言い分は、あくまでも富裕層や大資本家の論理にすぎない。

ただし、⑥の同一価値労働・差別賃金、同一価値労働をおこなっているのに男性労働者と女性労働者の間での賃金や昇進などでの差別は、あきらかな不平等であり、ただちに是正しなければならない。

マルクスはかつて、男女の差別・不平等の克服は、人類の解放の前提であるといった。そうであるとすれば、資本主義システムを前提としたのでは、解決することが不能ということになってしまうが。

①から⑤までは「平等」であるとはいっても、それはあくまでも資本主義という市場経済、すなわちより多くの利潤追求ということを基本原理とするかぎりでのことである。

かといって、市場経済によって良くも悪くも経済が「発展」するのであれば、それを完全に否定することもできないのかもしれない。

労働の投入と相続

資本家は、国家によってその私的所有を認められた生産手段（工場や機械など）を有するので、みずからの「肉体」を投入して労働するしかすべのない労働者を雇って生産をおこなう。

つぎにのべるように、労働者は、生存に必要な賃金を受け取るが、賃金以上の価値を生み出す。そのため、資本家は、みずから生産労働（経営はおこなうだろうが）をしなくても、その価値を取得する権利をもっている。

これは、財産権（私的所有権）を認められた資本主義では正当なものである。

資本家の所有している生産手段の価値が一〇〇億円として、労働者が新たに生み出した価値が年一〇億円であるとすれば、一〇年たつと当初の生産手段の価値と入れ替わってしまうので、労働者が生み出したものだということになってしまう。

資本家は、労働をしなかったからである。だから、結局は、当該生産手段は、労働者の所有にきするというのである。

これは、労働者が生存に必要な賃金さえ受け取っていれば、賃金をこえて新たに生み出した価値というのは、資本家が受け取る権利があるが、それを認めないとなると、資本家の資本所有そのものの否定する、すなわち「社会主義」に移行して、生産手段を公有化しなければならないという理屈になるかもしれない。

チャーチルの言葉を言い変えれば、「資本主義は最悪の経済制度」である。ただし、「人類がいままで経験したあらゆる経済制度を除いて」、と考えられるので、労働者は、資本家にたいして、労働者により多くの賃金を支払わせ、労働条件の向上を要求していくべきである。ときには、正当な権利を行使するために、ストライキも辞さずに。

このような考え方は、ロックにさかのぼることができる（ロック、前掲書、三三頁）。

ロックは、労働をくわえたもののみに所有権を認めているので、労働によって生み出された、その価値で置き換えられた生産手段というのは、いずれ資本家のものではなくなると考えたのであろう。

この考え方は、贈与や相続にも適用されている。親などからもらった財産は、親などの労働によって生み出されたものであるかもしれないが、贈与や相続を受けた側の労働はくわわってはいない。だから、国家に帰属するということなのかもしれない。

この考え方は、きわめて傾聴にあたいする。そもそも、資本主義制度を否定するものでもないからである。

だから、贈与税率や相続税率を一〇〇%にして、贈与・相続をさせないということが必要であろう。

ここでの税収を、すべての国民に一律に一定の資金を給付するというベーシックインカムなどに投入すれば、国民の生存権が保障される。国民の生命を守るという契約が履行されるであろう。

経済格差の拡大

市場経済を徹底することによって公平性・公正さ・中立性などが阻害されないように国家が経済プロセスに介入すること、資本主義の現段階において、分配を変えて、よりほんとうの意味での平等に接近させることが問われている。

同一価値労働をおこなう男女の賃金・待遇の差別は不平等であるが、この不平等は、資本主義社会に特有のものであって、分配を変えることで、平等にすることが可能である。

一般に経済的不平等といわれるものは、賃金や資産などの経済的格差であって、分配と人々の意識を根本的に変革することができるならば、資本主義の枠組みのなかで、かなりの解消が可能である。

かなりというのは、残念ながら、資本主義市場経済においてしか、経済を「発展」させられないからである。もちろん、質的な「発展」のことである。経済的に不平等であれば、マルクスがいうように、資本主義の枠内での改革は不可能なので、ほんらいの社会主義に移行せよということになる。

というのは、労働者の搾取というのは、資本家にとってなんら不当なものではなく、きわめて「正当」なものだからである。

したがって、搾取を解消しようとすれば、その根拠である資本家の生産手段の私的所有を止揚しなければならないということになる。ところが、それは、近代市民社会の大原則である財産権（私的所有権）を侵害する。

労働者・庶民などのそれではなく、資本家の財産を守ることは、国家と国民（ほんとうは資本家）の間で締結された資本主義存続の根幹にかかわる契約だからである。

しからば、労働者は、資本家による搾取に苦しめられているのに、どうしてそれが経済的不平等でもなく、不当でもないのか。この根拠をはじめて解明したのが、ほかならぬカール・マルクスであった。労働の価値と労働力の価値の乖離の発見がそれである。

2 資本と労働の平等

(1) 労働と労働力の価値

労働力の使用価値

カール・マルクスは、『資本論』(マルクス=エンゲルス全集刊行委員会訳、大月書店、一九七四年)において、資本主義の生産様式、これに対応する生産関係と交易関係をあきらかにしている。

資本主義では、社会的富は、ひとつの「巨大な商品の集まり」としてあらわれ、ひとつひとつの商品は、その基本形態としてあらわれるので、マルクスは、まず商品の分析からはじめる。

商品は、ひとつは、人間のなんらかの種類の欲望を満足させるモノ・サービスである。このあるひとつのモノ・サービスの有用性が使用価値である。もうひとつは、ある一種類の使用価値が他の種類の使用価値と交換される量的関係、すなわち割合としてあらわれるのが、交換価値である。

商品の使用価値を問題にしなければ、残るものは労働生産物ということである。労働生産物は、無差別な人間労働力の支出の凝固物である。この労働の量は、労働時間によってはかられる。

使用価値を生み出す労働は、具体的有用労働である。他方、すべての労働は、生理学的意味での人間の労働力の支出であって、この同等な人間労働(抽象的人間労働)という属性において、商品価値を形成する。

商品は、具体的な使用対象であると同時に、価値の担い手である。すなわち、現物形態と価値形態をもつかぎりでのみ、商品としてあらわれる。

資本と労働力の価値

マルクスは、最初に投下した貨幣額プラス増加分、または最初の価値を超える超過分を「剰余価値」とよんでいる。最初に投下された価値は、生産過程で自分の価値量を変えて、剰余価値を付け加える。この運動がこの価値を資本に転化させるのである。

ところが、等価物どうしの交換では、剰余価値は生まれない。流通や商品交換では、価値というのは創造されないからである。

そのために、価値の源泉であるという独特な性質を使用価値そのものがもっているような商品、すなわち、現実の消費そのものが労働の対象化であり、したがって価値創造であるような商品を見つけ出さなければならない。

そこで、資本所有者は、市場で労働能力または労働力という独自な商品に出会う。

労働能力または労働力というのは、人間の肉体、すなわち生きている人格に存在し、なんらかの使用価値を生産するときに、そのつど運動させる、肉体的かつ精神的諸能力のことである。労働力の価値は、他の商品の価値とおなじく、この独自な商品の生産と再生産に必要な労働時間によってきまる。すなわち、労働力の所持者と労働者のこどもの維持（＝次代労働力の再生産）のために必要な生産手段の価値である。

（2）剰余価値

それにたいして、労働力の使用によって生み出される価値が労働の価値である。したがって、労働力の使用で一日につくり出される価値が、労働力の日価値の二倍だとしても、買い手にとって幸運なだけであって、けっして売り手にたいする不法ではない。

この差こそが剰余価値であり、その獲得こそが、資本家による搾取である。

商品交換の法則は、少しも侵害されてはいない。資本家は、買い手として、どの商品にも、労働力にも価値どおりに支払っているからである。そして、労働力商品の使用価値を消費した。労働力の消費過程は、同時に、商品の生産過程である。

こうして、マルクスは、『資本論』において労働力と労働の価値を峻別して、剰余価値の概念をあきらかにしたのである。

3　資本主義への批判

（1）資本主義批判の経済学

マルクスは、労働力の価値と労働の価値を峻別することによって、剰余価値の概念をあきらかにした。資本家が剰余価値を取得するが、これが搾取という概念である。

資本家が剰余価値を取得できるのは、生産手段などの資本を所有しているからである。

そのためには、みずからの労働力しかもたない無一物の労働者が前提となる。労働者は、みずからの労働力を「商品」として販売する。労働力も「商品」なので、その価値は再生産費である。それは賃金として支払われる。

資本家は、労働の価値を生産性の向上などによって増加させる。すなわち、利潤を拡大するために、労働力の価値と労働の価値の差額を最大限大きくしようとする。そのためには、賃金を引き下げなければならない。

賃金は、労働力の価値であるが、労働者の生存と再生産（次世代労働者の養育）が可能であれば、そのぎりぎりまで引き下げることは可能である。

しかも、労働力の価値分を支払っていれば、労働時間は、一〇時間であろうと一四時間であろ

う と一六時間であろうとかまわないということになる。

あくまでも、労働力「商品」にたいして価値どおりの賃金を支払っているので、等価交換であり、不正をおかしているわけでもないからである。

労働者のほうは、労働で生み出した価値は、労働力の行使による結果なので、さらに多くの分け前を要求するというのもまた正当な権利である。

正当な権利どうしの主張は、交渉で解決するしかない。ところが、利潤追求をつづけなければ生き残れない資本家にとっては、とうてい受け入れられない。しかも、資本家側のほうが力関係では絶対的優位にある。

そこで労働者は、賃上げや労働時間の短縮のために、ストライキ等の実力行使をする。ストライキは、営業妨害でほんらいは違法である。それが、法的に認められるようになったのは、正当な権利の行使だからである。

ところで、労働力の価値と労働の価値を一致させる唯一の方法がある。労働者が、生産手段を資本家から買い取ればいいだけのことである。

ところが、無一物の労働者にそれはできない。だから、取り上げればいいのであるが、それは、近代市民社会の大原則である財産権（私的所有権）の侵害となる。

「憲法」違反なので、資本家から生産手段をタダで取り上げるためには、「憲法」を停止しなければならない。権力を奪取する社会主義革命が必要とされるゆえんである。

(2) 利潤追求の強制

資本主義初期の成長期であった一八世紀から一九世紀にかけて、実際に、利潤率がしだいに低下する傾向がみられた。しかも、資本主義が成長している国ほど低かった。

スミスやディビット・リカード（『経済学および課税の原理　上・下』羽鳥卓也・芳沢芳樹訳、岩波文庫、一九八七年）などの古典派経済学者は、利潤率が低下するのは、競争の激化とか穀物価格の上昇によって、賃金が騰貴することによるものであると説明した。

マルクスは、資本主義生産の生産力の発展そのものが、利潤率が低下する根本的な原因であることをあきらかにした。

マルクスは、利潤率の傾向的低下の法則を、近代の経済学のもっとも重要な法則であるとのべた。それは、資本主義そのものの限界をしめすものだからである。どういうことなのか。

資本家は、利潤率が低下すると、率の低下を利潤量の増大で補填しようとするので、ますます生産を拡大しなければならない。

より多くの利潤を獲得しないと、熾烈な競争に勝ち抜くために、消費者のニーズにあうような商品を開発・提供できず、資本は生き延びることができないからである。

生産力を拡大すれば、ますます利潤率が低下する、利潤率の低下を利潤量の増大で補塡するために、ますます生産力を拡大し、結局は、過剰生産恐慌に帰結するという矛盾におちいるのが、資本主義経済なのである。

競争が激化することによって、競争力の高い大きな資本が、弱い中小資本を蹴散らし、吸収するので資本の集中がすすむ。なんとしても退出を回避しようとして、さらにはげしい競争が展開される。利潤量の増大のため、生産を拡大しようとするので、労働者の賃金が一時的に上昇する。そのため、利潤率は一時的にさらに低下する。

設備投資もあちこちでおこなわれるので、いずれ恐慌が勃発する。かくして、企業倒産が激増し、デフレが発生し、失業者が街にあふれる。無一物の労働者が生活できなくなる。

4　経済的・政治的な自由・平等

（1）自由とは

近代市民社会における自由というのは、政治的自由と経済的自由というものであるが、後者は、自由な経済活動・金儲けの保証である。資本主義というのは、あくまでも国家が経済活動にいっさい介入しない、すなわち自由放任主義が大原則だからである。

ロックは、私有財産をみずからの労働によって獲得できたものとしており、そのかぎりでは相続というのは認めていない（ロック、前掲書、三三頁）。

さらに、生産手段を所有する資本家は、労働力商品を購入して剰余価値を取得するので、いずれ生産手段にたいする所有権を失うはずである。

このように考えると、相続される財産が国家に帰属し、国家が守るべき私有財産はなくなり、生産手段も私的所有されなくなるということになる。それでも私的所有が守られるべきものとするために、新たな理屈が必要となる。

そこで登場したのが、「最大多数の最大幸福」という「功利主義」であり、資本主義が発展し、多くの人々が幸福になることが重要で、そのために私有財産が認められるという議論なのであろう。

しかしながら、資本主義を前提とするかぎり、相続も親などが正当に獲得したものを引き継ぐものであり、剰余価値も資本家が不当に取得するものではない。

したがって、近代市民社会での平等は、あくまでも政治的な平等が中心である。もちろん、第二次世界大戦後に普通選挙制度が導入されるので、それまでは、選挙権は、男性にかぎるとか、一定の財産・資産を有するものとかの制限があり、政治的平等というものすら確保されていなかった。

もちろん、普通選挙制度が導入されると、資本主義の格差が拡大し、低所得者が過半数を獲得し、国家権力を奪取できるようになる。

したがって、資本家が支配するアメリカ国家では、「数において圧倒的に多い貧しい民衆にたいする恐怖」から、徹底的に権力を分立させるという制度がとられたという（福田歓一、前掲書、四九頁）。

（2）平等とは

すべての国民は法の下に平等であり、自由が保障されるというのが形式的平等であり、これは、機会の平等といわれる。この形式的平等によって、金持ちがますます金持ちに、貧乏人はますます貧乏になるという個人の「不平等」（格差の拡大）をもたらしたといわれる。

それにたいして、社会的・経済的な弱者を保護し、すべての国民に等しく自由と生存権を保障するというのが実質的平等であり、これは「結果の平等」といわれる。

アメリカでは、この機会の平等（もちろんきわめて不十分であるが）を徹底的に重視してきた結果、絶望的なまでに賃金・経済格差が広がってきた。したがって、資本主義の現段階において、実質的平等を実現していくことが、きわめて重要なことである。

もちろん、性別、能力、年齢などの条件が異なったとしても絶対的に平等にしなければならないということはない。平等というのは、あくまでも相対的平等なのである。

資本主義の発展にしたがって、社会的・経済的格差が拡大していくが、これ自体を経済的不平等ということはできない。私有財産の相続も、剰余価値の取得も、資本主義を前提とするかぎりでは正当であり、経済的な不平等ではない。

もちろん、ここで、社会的・経済的・財産（資産）的格差がいちじるしく拡大するということを正当化するものではない。

もしも、経済的平等を徹底的に確保しようとすれば、資本主義を止揚しなければならない。とくに、剰余価値というものを否定しようとすれば、資本主義をやめて、生産手段を公有化（国有化）する社会主義に移行しなければならない。

もちろん、現実に存在した「社会主義」は、効率性が悪く、歴史的に破綻した。

したがって、資本主義、すなわち競争原理を徹底的に機能させるという市場経済の根幹を維持しながら、社会的・経済的・財産的格差を徹底的に縮小するという政策が不可欠なのである。

しかも、国民すべてが「健康で文化的な最低限度の生活をおこなう」生存権の尊重・実現はきわめて重要である。

ただし、同一価値労働・差別賃金、とりわけ男女のそれだけは、あきらかなる経済的不平等である。したがって、ただちに、すべての労働者の同一価値労働・同一賃金を実現しなければならない。

5 現代の各人と各人の戦争

(1) 現代の「戦争」

現代グローバリゼーションの帰結は、きわめて深刻なものである。欧米諸国の大資本がどんどん外国に進出することで、それらの国々では雇用が失われていくばかりか、移民・難民が大量に流入することによって、本国での雇用がさらに「奪われ」ていった。

本国では、失業問題の深刻化だけでなく、仕事にありつけたとしても非正規労働が中心で、貧富の経済格差がますますはげしくなっていった。

一九九〇年代中葉、インターネットの普及と冷戦崩壊によって軍事産業での仕事にあぶれた米ソ両国のIT・ハイテク技術者がウォール街に大挙して流入し、「高度」な金融技術（統計学や方程式などを駆使したもの）を駆使して巨額の金融収益を稼ぎ出すという「金融工学」を開発した。

こうして、大資本の経営者や巨額の金融資産を有する大金持ち・富裕層がますます金持ちになり、圧倒的多数の国民は低所得者層に脱落していった。

一握りの富裕層・大資本のあくなき利潤追求を露骨に代弁する政治をおこなうと、圧倒的多数の自国民低所得者層は生存をかけて革命を起こす。

国民の生命・健康・安全・財産を守ることを国民と契約しているはずの政府による、契約違反だからである。アメリカであれば、国民の幸福追求の権利の侵害にほかならない。

これらは、近代市民社会における国民の正当な権利である。かといって、低所得者の利益を代弁する政治をおこなうことはできない。政治家に政治資金がはいらなくなって、選挙で落選してしまうからである。

もちろん、近代市民社会の大原則、自由・平等・民主主義下での選挙制度では、低所得者層が多数派であれば、政権が不正選挙をしないかぎり、その代表が政権を奪取する。

富裕層・大資本にとって、低所得者層に政権を奪取されたら、金儲けとか、あくなき利潤追求とかができなくなる。

そこで、富裕層・大資本の延命のために、自国民を分断するのではなく、「各人と各人の戦争」を自国民と自国内の他人種・他民族・他宗教との「戦争」に転化する戦略に大転換した。この現代の「各人と各人の戦争」は、二〇一七年一月の米トランプ政権の誕生ではじまった。

現代の「各人と各人の戦争」、これが、現在、欧米諸国で発生している新たな事態の本質である。あくまでも、資本主義の延命のための政治的な神の「見えざる手」、この冷厳なる貫徹とみなければならないであろう。

(2) 超国家機関による戦争の回避

現代の「各人と各人の戦争」を、国家のレベルで解決することはできない。それは、米トランプ政権をみるまでもなく、国家は、政治的な「見えざる手」が有効に機能することによって、この「戦争」を統治に利用できることを実証してしまったからである。

トランプ氏は、不動産取引で金儲けした大金持ちであり、ほんらいであれば、白人の中・低所得者などに支持されるはずがない。ところが、みごとに、富裕層・大資本の主張を代弁する政権が誕生したのである。

とはいえ、さいわいなことであるが、現代の「各人と各人の戦争」において、自国の低・中所得者層の支持をえて、米大統領に当選したとしても、政権を維持することはむずかしいかもしれない。

日本で二〇〇〇年代初頭に、自民党が下野し、民主党（当時）が政権を担当した三年あまりがそうであったように、官僚がサボタージュしたり、中央銀行や大資本が景気の高揚のための努力をしなかったりするからである。

富裕層・大資本の主張を代弁する政権は、「支持者」である低・中所得者層の雇用を確保するためには、自国第一主義・保護貿易主義をつらぬかなければならない。

しかも、移民・難民、他人種・民族、他宗教を信仰する人を排除しなければならない。「各人（自国民）と各人（多人種・民族・他宗教を信仰する人）との戦争」だからである。

とうぜん、国際社会からはげしい批判をあびるので、持続不能である。

ようするに、自国民同士の「戦争」ではないので、既存の国民国家の枠組みでは対応不能であるということである。

ここから、新たな国家形態、たとえば、世界政府、国家連合、現代の〝帝国〟などが必要となる。世界政府ができることはないので、国家連合とか現代の〝帝国〟であろう。

国家連合は、現代の「各人と各人の戦争」を回避するために、各種の規制を制定し、規制を実行するために、ある程度の強制力をもたなければならない。

各国の国民はもちろん、移民・難民、人種・民族・宗教の異なる人々の利益を確保するために、各国の調整をおこなう。

現代の「各人と各人の戦争」を回避するためには、

ひとつは、世界が協力して、発展途上国の地球環境に配慮した国民の生活水準の向上、

もうひとつは、国際協調によって、テロリストなどを排除するとともに、平和の実現、

三つ目は、各国での賃金・所得格差などの経済格差の解消、

四つ目は、真の平等、すなわち人種・民族・宗教・肌の色などで差別しないことや可能なかぎりでの移民・難民の受け入れ、

などを積極的に推進することが不可欠である。

これが、資本主義における現代のきわめて重要な課題であり、もしも実現できなければ、資本主義が崩壊する可能性すら危惧される。その後の政治・経済システムは混沌とした状態にほかならないと考えられるからである。

第三章　資本主義は見苦しく生き残るのか

1　自由放任経済の成立

(1) 資本主義の成立

神の「見えざる手」

近代市民社会の大原則である自由・平等というばあい、自由がもっとも徹底的に導入されたのが、じつは経済運営の分野であった。

アダム・スミスは、国家が経済に徹底的に介入し、輸出拡大政策を推進し、金銀財宝をたくわえると国家が富むという重商主義を徹底的に批判した。

スミスは、富を生み出すのはあくまでも人間の労働であって、他人(手工業者)のことなどまったく考えずに、みんなが金儲けに専念すれば、経済が発展すると主張した。

それまでは、「隣人を愛せ」というキリスト教の教義をかたくなに守ってきた人々に、隣人はどうでもいいと説いたのである。おそらく驚天動地のことだったろう。

経済が成長するのは、国家が経済活動にまったく関与しなくても、神の「見えざる手」が働くからである。

こうして、イギリス（UK）などで、産業革命をへて資本主義が発展していった。

ところが、金儲けするためには、消費者のニーズにあう、他の生産者よりもいいモノをつくってマーケットに出して、売れなければならない。売れなければ、巨額の損失をかかえて倒産し、マーケットから排除される。

だから、より多くの剰余価値（利潤）を獲得し、他の生産者よりも、よりいいモノをつくるための研究・開発費に投入する。企業があくなき利潤追求をおこなうのは、資本家がぜいたくな生活をしたいからではない。

ぜいたくをしたがる資本家は、いずれマーケットから追い出される。

他人（手工業者）のことなどまったく考えずに、みんなが金儲けに専念した結果、よりいいモノ、性能がいいモノ、より安いモノが人々に提供されるということになる。これは、まさに「隣人を愛する」帰結ということなのであろう。

かつての「社会主義」国のように、金儲けに専念するという競争原理がまったく機能せず、粗悪品しか提供されないということでは、「隣人を愛す」どころか、「隣人をダマす」行為にほかならないであろう。

非人間的な資本主義

資本主義では、機械制大工業の生産力段階に突入しているので、それまでのような熟練工は不要となり、単純労働者で十分対応可能である。当初、労賃が少なくてすむ児童労働や女性労働が大量に雇用されたのはそのためである。

一二時間以上にものぼる過酷な児童・女性の長時間労働は、人間の全面発達をさまたげるとともに、児童の発育不全や女性のいちじるしい健康障害などを深刻化させたが、その深刻な実態は、マルクスの『資本論』第一巻第七編で詳細に告発されている。

熟練工であれば、生産のすべての工程に関与するので、完成品を表象して生産にたずさわる。ところが、機械制大工業になれば、未熟練工は、分業の一部だけを担当し、一日中おなじ労働をおこなう。

チャップリンの映画『モダン・タイムス』の世界である。人間が、生産工程のたんなる一部品になってしまうのである。

自由放任経済下では、児童・女性に生存ギリギリの最低限の再生産費（生活費）を支払っていれば、なんら不正ではない。成人男子よりもはるかに低い賃金で働かせることができる。

とはいえ、次世代を担うこどもがまともな大人に育つことができない状況となり、また女性のいちじるしい健康障害などを自由放任経済だとして放置していると、国家の存続にかかわりかねない深刻な問題となっていった。

したがって、労働組合は、児童労働の禁止、女性の労働の規制、労働日の制限・八時間労働制、労働条件の向上などを資本家や国家に要求した。

資本家が、不当なことをおこなっているわけではないとばかりに、「民事（民間経済）不介入」を決め込んでいた国家も、労働日の制限や労働条件の向上に取り組まざるをえなくなった。

このような取り組みを施策としておこなったがゆえに資本主義は、イギリス、フランスにつづいて、ドイツ、アメリカなどでも「発展」していった。

（2）独占資本主義への移行

産業革命は、まずイギリスにおいて生産性の高い繊維機械の開発により推進された。ヨーゼフ・アロイス・シュンペーターのいう「（プロダクト・）イノベーション」によって、経済がいちじるしく成長した。

産業革命の帰結として、機械・石炭産業などが発展することによって、つぎのイノベーションたる鉄道が全国に敷設されていった。このようにして、イギリスは、世界の工場となり、空前の経済的繁栄を謳歌した。

だが、イギリスの空前の経済的繁栄もじきに落日をむかえることになった。イノベーションが終結したからである。

生産性の高い繊維機械が普及していけば、いずれ成長は鈍化する。しかも、世界に先駆けて世界にないような繊維機械設備を装備したので、企業は膨大な利潤を獲得することができた。

企業は、世界に先駆けて繊維機械を装備し、膨大な先行利益を獲得しつづけたので、新たなイノベーションをすすめて、先行利益を獲得しようとするインセンティブはわかなかった。

イノベーションが成功する可能性というのはかなり低いので、それまでの利益水準で満足してしまうのかもしれない。

ところが、他の国の中小企業家（シュンペーター流にいえば企業者）は、イギリスの工業独占に挑戦するためにも、新たなイノベーションに取り組んでいた。

そうしなければ、いつまでもイギリスの「工業属国」にあまんじなければならないからである。

熾烈な競争が支配的な資本主義下では、そんなことはありえない。

イギリスの産業革命に半世紀あまりも遅れをとったドイツは、保護主義を採用して、自国の織維産業を保護・育成するとともに、鉄道建設が主導する近代化の道をあゆんだ。

したがって、ドイツでは、産業革命の当初から、鉄鋼・機械・石炭業という重工業が発展する素地がそなわっていた。

後発資本主義だったこともあって、一九世紀末の大不況期には、新たなイノベーションたる自動車・電機・化学産業、ディーゼル・エンジンなどがつぎつぎと創生された。

アメリカでも、ほぼ同時期に重化学工業が発展していった。

こうして、重化学工業には、巨大な資本規模が必要とされたので、小企業が自由に競争する資本主義から、少数の寡占企業が当該産業の生産や価格をコントロールする独占資本主義（正確には寡占資本主義）に移行した。

（3）一九二九年世界大恐慌の勃発

重化学工業が発展することにより軍需産業も質的な「発展」をとげるとともに、膨大な生産力によって生み出される商品の販路をもとめて、列強間でのマーケット争奪戦が激化していった。

そのため、ひとたび戦争が勃発すると、世界を巻き込んでしまうようになってしまった。

こうして、一九一四年に史上初の第一次世界大戦が勃発した。世界大戦は、国家の総力をあげた総力戦として戦われたので、不幸なことに科学・技術は飛躍的に「発展」した。化学兵器や航空機が実戦にはじめて投入された。

第一次世界大戦が終結すると、敗北したドイツに過重な賠償支払いが課せられたため、ドイツ経済は深刻な苦境におちいった。

その一方で、アメリカは、戦時中に飛躍的に「発展」した科学・技術を基盤として、一九二〇年代になると、モータリゼーションと電化によって史上空前の好景気を謳歌することができた。

この好景気は、国民にとりわけ自動車と電気製品が、あまねくゆきわたるというかたちでの（プロセス・）イノベーションによるものであった。

おそらく、企業による自立的なイノベーションによって進展した、アメリカでの最初で最後の空前の好景気であったということができるであろう。

その末期には、土地投機や株式投機がはげしく、資産バブルが勃発した。

この空前の好景気・資産バブル経済が破綻したことで、一九二九年一〇月には、米国ウォール街での株価の大暴落を契機にこれまた史上空前の世界大恐慌が勃発した。

この大恐慌によって、民間企業（画期的な技術開発により多額の利潤を獲得しようとする企業者）の自立的なイノベーションの最後を告げる鐘が鳴った。

さらに深刻なことは、国家が経済活動にはいっさい介入しないという自由放任経済が機能しなくなったということ、すなわち神の「見えざる手」が有効に機能できなくなったということが明確になったことである。「市場の失敗」というのがそれである。

もちろん、神の「見えざる手」がまったく機能しなくなり、その終焉をむかえたということではない。

2 自由放任経済の破綻

（1）国家の経済への介入

大恐慌を契機として、資本主義経済の大原則を根底からくつがえす、ふたつの大変更がおこなわれた。

ひとつは、すべての資本主義諸国が、それまでの金本位制から管理通貨制に移行したことである。価値を有する商品と交換する貨幣は価値を有する財（たとえば、金や銀など）でなければならない。貨幣をふくめて同一価値を有する財同士の交換、すなわち交換の正義が、アリストテレスの時代からの大原則だからである。

貨幣も金などのように価値を有する財なので、生産した商品と等価で交換できる。だから、金貨に混ぜ物などをして金の純度を下げると価値は下がる。すると、とうぜんのことながら財の価格が上昇するので、インフレが発生する。江戸時代に幕府の歳入を増やすために、小判に混ぜ物をしたことを想起されたい。

金本位制というのは、交換の正義にはぴったりと適合するし、インフレが発生するということもない。

だが、金本位制下での深刻な問題は、景気が悪くなったときに、金利を下げると、金が外国に流出する危険性が出てくるので、おいそれとは、金利を下げて不況対策をおこなえないことである。したがって、アメリカの大恐慌のときのように、景気をテコ入れするために利下げをすることができず、外国への金流出を防止するために利上げをして、かえって景気を悪化させてしまうことになる。

国家は、資本主義経済をあくまで存続させるために、管理通貨制に移行し、交換の正義という経済活動の大原則をいともかんたんに放棄してしまった。資本主義というのは、どんな手段をつかっても、けっして、みずから退出することはないのである。

もうひとつは、神の「見えざる手」にまかせていたのでは、恐慌を回避できないし、貧困問題も是正できないので、国家が経済に積極的に介入すべきであるという考え方が主流になってきたことである。いわゆるケインズ政策の登場である（ジョン・メイナード・ケインズ著、塩野谷祐一訳『雇用・利子および貨幣の一般理論』東洋経済新報社、一九九五年）。

こうして、資本主義は、貧困問題や格差是正の根本的な解決には失敗したものの、国家が経済に介入することで、ある程度の福祉政策がおこなわれるとともに、適度のインフレのもとで経済成長を実現することが可能となった。

おかげで古典的恐慌は、その後、勃発することはなかった。

その後の経済成長は、国家の経済への介入の究極的な形態である世界戦争（冷戦をふくめて）によって、重化学工業から、質的に一段階上位のＩＴ・ハイテク・イノベーションに移行することで推進された。

（2）戦争経済への突入

世界大恐慌は、第一次世界大戦で敗北し、過酷な賠償支払いをせまられていたドイツにきわめて深刻な打撃をあたえた。

こうしたなかで、アドルフ・ヒトラーは、貧困にあえぐ国民に訴えて、選挙で議席を増やしていった。あれよあれよという間に、大統領によって首相に指名された。一九三三年一月のことであった。

世界大恐慌の真っただ中で、ヒトラーは、「民衆にパンを」「（過剰な賠償をせまる）ベルサイユ条約」廃棄というたったふたつの公約だけを連発した。

庶民には、むずかしいことをいってもわからない。だから、このふたつをひたすら連呼することで、庶民の支持を獲得していった。

前者は、あきらかに国民向けの空公約だったはずである。というのは、失業率四〇％という大恐慌を克服することは、至難のワザだからである。もちろん、条約の破棄のほうは、政権を奪取し、相手国にその旨を通告すれば可能である。

ところが、世界史の悲劇は、ヒトラーの政権奪取の時期とドイツにおける世界大恐慌の底入れの時期が、ピタリと一致していたことである。底入れしたということは、それ以上、景気が悪化しないということである。

だから、アウトバーン（高速道路網）の建設などの公共投資などをおこなえば景気は上向き、民衆は「パン（仕事）」を手に入れることができるようになった。

結果的には、ヒトラーは、「ポピュリスト（大衆迎合主義者）」ではなかったということになる。公約をみごとに「遵守」したからである。ヒトラーにたいする、国民の人気はうなぎ上りであった。

ヒトラーは、国民を分断させるために、人々の間に「敵」をつくり出す戦術をとった。精神障がい者、移民、性的マイノリティなどにたいする弾圧をおこなった。そして、ついには、金持ちで、ドイツ人を収奪しているとして、ユダヤ人問題の「最終解決」をおこなうべく、六〇〇万人ものユダヤ人を虐殺した。

性的マイノリティなどを排除することが、悲惨な結末をむかえることは歴史のきわめて重要な教訓である。

英仏などは、第一次世界大戦で敗北したドイツにきびしい対応をして、ヒトラーの台頭をゆるしたのに、いざヒトラーが政権を奪取すると、今度は「融和政策」をとったので、ヒトラーを増長させ、ついには、世界戦争に突入することになってしまった。

皮肉なことは、ヒトラーによる戦争経済への突入が、世界大恐慌から最後的に離脱させることになったということである。

アメリカは、ニュー・ディール政策という恐慌克服策をとったものの、一九三七年にまた深刻な不況にみまわれた。

アメリカが、第二次世界大戦への参戦を急いだのは、イギリスからのさいさんの参戦要請があったこともさることながら、大恐慌の打撃からなんとしても抜け出すためであった。よその戦争に参戦することに頑として反対するアメリカ国民を納得させるために、日本という国を経済制裁などで挑発したのであろう。

日本は、国家の存亡をかけた「自衛」のためとしょうして、真珠湾攻撃をおこなった。だが、それはアメリカに宣戦布告を通告する前であった。

こうして、アメリカは、第二次世界大戦に参戦することができた。かくてアメリカも、世界大恐慌から最後的に離脱することができたのである。

（3）新たなイノベーション

アメリカによる第二次世界大戦への参戦によって、不幸なことに科学・技術が飛躍的かつ極限まで「発展」することになった。

それまでは、イノベーションというのは、繊維、鉄道・自動車、金属・機械・電機・化学などの重化学工業で終結したと考えられていたはずである。

民間企業のイノベーションというのは、あくまでも利潤獲得のためにおこなわれるからである。

自動車のように、それまでにないものを売り出せば、膨大な特別・超過利潤を獲得することができる。

しかしながら、鉄道、自動車・電機・化学などは、技術者である企業者（それまでにない画期的な技術を開発し製品化する技術者）が開発できるものである。画期的なイノベーションができなければ、膨大な負債をかかえて倒産するだけである。

だから、企業者というのは、山師のような一発屋であろう。当れば大金持ちになれるし、外れれば路頭にまようだけのことである。まさに、資本主義的な存在である。

現在であれば、重化学工業のつぎのイノベーションが、IT・ハイテク産業だということは自明のことである。

ところが、IT・ハイテク・イノベーションを民間企業の技術開発で推進することは、とうてい不可能である。それを可能にしたものこそ、第二次世界大戦であり、戦後の米ソ冷戦体制であった。

第二次世界大戦では、戦争で勝利するためにアメリカなどで、レーダーやコンピュータなどの開発がおこなわれて実戦に投入された。

核兵器は、アメリカが三兆円もの国費と一、〇〇〇人以上の科学者を集めて国家の総力をあげて開発し、広島・長崎に投下した。世界戦争がなければ、核兵器の開発は五〇年後だったのではといわれている。いっても虚しいことではあるが。

ドイツは、戦争末期には、ロケット（V1、V2）を開発し、実戦に投入した。

3　冷戦とイノベーション

(1) 冷戦体制への移行

第二次世界大戦は、一方では、帝国主義戦争という側面、もう一方で民主主義対ファシズムの戦いという側面があった。

だから、なぜか反ファシズム陣営の一角として戦った旧ソ連すらも民主主義陣営とされた。もちろん、共産党一党独裁のもとにあった旧ソ連は、けっして民主主義国ではなかった。

戦争が終結すると旧ソ連は、ヒトラーのファシズムから解放した東欧諸国にむりやり「社会主義」を押し付けていった。中国・北朝鮮、北ベトナム・キューバなども「社会主義」に移行した。「社会主義」陣営は、それまでの旧ソ連一国から、東欧諸国などが「社会主義」体制に移行し、ここに、米ソ冷戦体制が成立することになった。

ここから、世界戦争によるIT・ハイテク・イノベーションが本格的に進展していった。

大戦後、戦争は、通常兵器の段階から核戦争という人類を滅亡させるレベルに到達したので、世界戦争ができなくなった。

万が一、アメリカが旧ソ連から核攻撃を受けたら、もちろん反撃はするものの、アメリカにも膨大な犠牲者が出る。核兵器の破壊力は、戦時中の通常兵器の比ではなかったからである。

しかし、軍拡競争はますます激化し、科学・技術開発に国家予算が大量に投入されていった。たとえば、相手が撃ってきた核兵器搭載のミサイル（大陸間弾道弾）を着弾するはるか前に撃ち落とすという、現在でもきわめて困難なミッションをおわされたからである。

ところが、民間企業、それがたとえ軍事企業であったとしても、このミッションを成し遂げることはほぼ不可能であった。なぜならば、こうしたミッションの実現には莫大な予算を必要とし、とうてい一企業で賄えきれるものではないからである。

軍事企業は、国家が大規模に軍事費を投入しないかぎり、ハイテク軍事技術開発をおこなうことは不可能であった。

アメリカが戦時中に核兵器を開発し、実戦使用したように、国家が金に糸目をつけずに研究資金を拠出し、科学者・技術者を総動員し、総力をあげて開発しなければならない筋合いのものであった。

ところが、人類にとっては悲劇であるが、それを可能にしたのは冷戦体制への移行であった。

(2) 資本主義陣営間の国際分業

米ソ冷戦もまぎれもない〝世界戦争〟なので、アメリカは、アメリカそのものを核攻撃から防衛するために、核兵器を搭載した相手側のミサイルを、こちらのミサイルで撃ち落とす軍事・技術開発に特化した。

「アメリカ・ファースト」というのは、じつは、現下のトランプ政権の専売特許ではなく、このころからはじまっていたのである。

ところが、一国の再生産構造を軍事産業に特化することなど絶対不可能である。軍事産業というのは、奢侈品（金持ち向けの贅沢品）部門に分類されるのであって、中長期的な経済成長にはあまり貢献しない。それどころか、そもそも自国民に優良な消費財を十分に提供することなどできないからである。

にもかかわらず、資本主義陣営を旧ソ連の核攻撃の脅威から防衛するのは、もっぱらアメリカの役割なので、資本主義陣営にたいして、アメリカの軍事産業への特化を認めることを強制した。

核攻撃におびえる資本主義陣営は、しぶしぶ受け入れざるをえなかった。アメリカしか、そのミッションをおこなうことができなかったからである。

こうして、アメリカが軍事技術開発に特化し、日本と西ドイツ（当時）が、民生用重化学工業と消費財産業に特化するという、いわば、資本主義陣営間の国際分業ともいうべきものが構築された。

もちろん、こんなことが成り立つはずがない。日独がアメリカに消費財を供給したとしても、アメリカは、外国に売るものがないので外貨が不足し、日独に支払いができないからである。もし、日本円やドイツ・マルクを借りたとしても、いずれ返却しなければならないし、借りつづけることなどできない。返せなくなるからである。

そこで、考案されたのが国際通貨基金（ＩＭＦ）体制であった。それは、アメリカ・ドルに金の裏付けを与える（外国通貨当局にたいして金一オンス＝三五ドルで交換する）というものであり、ここで、ドルは、価値を有する信用貨幣に化けた。

こうして、アメリカは、まったくといっていいほど国際収支に頓着することなく、年間数十兆円の軍事費を軍事技術の研究・開発費におしげもなく投入することが可能となったのである。

戦後、数十年にわたって、数千兆円を投入することで、一九九〇年代にＩＴ・ハイテク・イノベーションが「見事」に花開いた。それは、資本主義における三度目のイノベーションであった。

（3）ＩＭＦ体制の崩壊

信用貨幣ドルは、それ自体、世界中で購買力を有するので、資本主義陣営はもちろんのこと、「社会主義」陣営でも喜んで受け取られた。

したがって、アメリカは、自国通貨で日本やドイツなどからも、とりあえずは心おきなく、いくらでも消費財などを購入することができたし、資本主義陣営にたいして経済成長資金を投入することができた。

反共産勢力などにも大量のドル資金を供給することで、「社会主義」革命の波及を阻止することができた。

ところが、アメリカ国内ではあくまでも不換紙幣であるドルが、世界中に大量にばらまかれた結果、ドル減価がはげしくなっていった。軍事ケインズ主義の帰結である。

アメリカ政府が対外国通貨当局に限定していたとしても、金一オンス＝三五ドルで交換（兌換）することができなくなり、ついに一九七一年八月には、金ドル交換が停止され、ＩＭＦ体制が崩壊した。

アメリカ・ドルは、国際的にも不換紙幣となったものの、冷戦体制が継続していたので、資本主義陣営においても、とりあえずは「信用貨幣」として流通した。これを「体制支持金融」とよぶ論者もいた。

一九七〇年代には、アメリカ・ドルの減価などによって、産油国は、結束して原油価格の大幅引き上げをおこなった。

エネルギーの根幹であった原油価格が暴騰することによって、世界的なインフレが高進していった。ところが、インフレーションがすすむのに、同時に景気が後退（スタグネーション）するという「スタグフレーション」といわれる事態が進行した。

一九二九年世界恐慌期に管理通貨制に移行し、ケインズ政策が投入されてからは、それまで、適度のインフレのなかで、経済が成長していた。ところが、資本主義は、とうとう崩壊期をむかえる全般的危機におちいったとまでいわれた。

そこで、資本主義の延命のために登場したのが、シカゴ大学のミルトン・フリードマンであった。「市場の失敗」によって、国家の経済への介入を認めるケインズ政策が登場したが、スタグフレーションによって「政府の失敗」が明確になったという。

そこで、神の「見えざる手」をふたたび徹底的に機能させるという「新自由主義」が提唱された。「見えざる手」の復活である。

新自由主義は、一九七〇年代末から八〇年代にかけて、主としてアメリカとイギリスにおいて導入された。各種規制の緩和・撤廃、徹底した民営化、企業減税、高額所得者の大幅な減税などによって、市場経済・競争原理、すなわち金儲けが徹底に推奨された。

こうして、軍事経済に特化し、その重荷にあえいでいたアメリカにおいて、経済の「活性化」がはかられていくことになったのである。

4　経済的格差の拡大

（1）冷戦の崩壊とグローバル化

旧ソ連は、アメリカのスター・ウォーズという奇天烈なプロパガンダに踊らされ、GDP（国民総生産）比で三割もの軍事費をかけたことで、アメリカとの軍拡競争に敗北し、膨大な軍事費負担にたえきれなくなっていった。

一九八〇年代中葉になると旧ソ連の弱体化をみすかした東欧諸国で、自由化の嵐が吹き荒れた。八九年には、ベルリンの壁が崩壊した。そして、とうとう一九九一年には旧ソ連邦が崩壊し、ここに、戦後の米ソ冷戦体制が終焉をむかえた。

このときには、資本主義は、「社会主義」に勝利したと喧伝されたが、資本主義が勝ったのではなく、「社会主義」が自壊しただけのことであった。

冷戦が崩壊すると、軍事的な要請で開発されたインターネット技術が民間に開放されるとともに、アメリカ大資本・金融資本が地球のすみずみまで出ていって利潤追求をおこなうことができるようになった。現代グローバリゼーションの進展である。

すでに、アメリカは、一九七〇年代から新興諸国や発展途上国などへのIMFによる金融支援（IMF「構造調整プログラム」）と引き換えに、新自由主義の導入をすすめ、アメリカ資本が膨大な利潤を獲得するインフラを構築・整備していた。

こうして、神の「見えざる手」がきわめて有効に機能し、アメリカ大資本・金融資本は、世界中で膨大な利潤を獲得することができた。

その晴れ舞台は、一九九〇年代末の株式・ネットバブルを手はじめに、二〇〇〇年代初頭の欧米における資産バブルであった。ここで、アメリカ大資本・金融資本は膨大な利潤、とりわけ金融収益を獲得することができた。

空前の欧米の資産バブルも、二〇〇八年九月のリーマン・ショックを契機に最後的に崩壊した。

このバブル崩壊恐慌（世界経済・金融危機）への国家・中央銀行の徹底的な対応は、かえって、アメリカ大資本・金融資本の収益機会を大幅に拡大させるとともに、富裕層がますます金融収益を増やし、貧富の格差が絶望的に拡大していくことになった。

(2) 金融危機対策と格差の拡大

一九二九年世界恐慌以来といわれた世界経済・金融危機は、二〇〇八年九月に勃発したが、わずか半年で「終息」した。それは、アメリカなどが、日本の資産バブル崩壊による平成大不況が長期化した諸要因を詳細に分析していたからである。

すなわち、危機勃発後、間髪をいれずにアメリカ連邦準備制度（FRB＝米国中央銀行）が大銀行や保険会社に大規模な資金供給をおこなうとともに、すみやかにゼロ金利政策、量的金融緩和政策などを実施したのである。

アメリカ政府も、七、〇〇〇億ドルあまりの大規模な財政資金を一挙に投入して、金融機関などに不良債権処理を断行させた。これも、戦力の逐次投入という、日本での不況対策の失敗からえられた貴重な教訓の賜物であった。

危機対策としての大規模な財政出動、中央銀行の資金供給による金融機関の経営破綻の回避、ゼロ金利政策により、資金調達コストを事実上ゼロに、さらに、金融機関からの大量の国債や住宅ローン担保証券などの購入で、マーケットに大量の資金供給がおこなわれた。マーケットに投入された大量の中銀・財政資金は、一方で、アメリカ国内の株式市場に流入して株価が堅調となり、他方で、新興諸国・発展途上国や産油国などの株式市場に投入され株価が高騰した。

リーマン・ショックから一〇年以上にわたる世界的な景気の「高揚」は、こうした諸要因によるものである。

金融・株式市場の「高揚」がつづいたこともあって、大資本・金融資本の利潤が膨れ上がるとともに、富裕層は、ますます金融資産を積み上げていった。

二〇一〇年に世界の資産家上位三八八人の金融資産が、地球上の人口の下位五〇%の人々とおなじであったが、一六年になると世界の資産家上位八人の金融資産が、地球上の人口の下位約五〇%の人々とおなじになったという。すきまじい富の集中である。

グローバル化がはじまって以来、貧富の格差がいちじるしく拡大していったというのが現代資本主義のきわめて大きな特徴である。

かつて、アメリカの支配者が怖れたように、いよいよ普通選挙制度のもとで、圧倒的な多数派となった貧しい人たちが合法的に政権を奪取することが可能となる時代をむかえた。

まさに、現代の市民革命が勃発するかもしれない。つぎにくるのは「社会主義」なのか。はたして、資本主義は、みずからすすんで社会主義に道をゆずるのだろうか。

5 IT・ハイテク・イノベーションの進展

(1) IT・ハイテク革命

戦後冷戦体制下において、アメリカは、もっぱら軍事技術開発に特化してきた。天文学的な軍事費が投入されてきたおかげで、最先端の軍事技術開発がおしげもなくおこなわれ、IT産業やハイテク産業が発展してきた。

そのおかげで、アメリカの軍事産業の国際競争力は世界最強となり、IT産業の興隆はとうぜんのこととして、ハイテク技術をつかう医療技術や遺伝子組換えなどを駆使した農業の国際競争力も高まった。

さらに、IT・ハイテク技術は、金融産業にいかんなくいかされた。冷戦が終結すると、最先端の軍事技術開発にたずさわってきたアメリカのみならず、旧ソ連の科学者・技術者が、大挙してアメリカ・ウォール街＝米国の金融業に殺到したからである。

冷戦が終結したことでインターネットが民間に開放され、ネット関連企業が群生していった。

インターネットがもっとも有効に活用できる産業は、もちろん情報産業であるが、収益機会を拡大しようとする金融業もきわめて有効に利用することができる。

しかも、冷戦が終結するとともに、アメリカは、ＩＭＦを通じて世界中に新自由主義を押し付けてきており、アメリカ金融業にとって絶好のチャンスがおとずれたのである。

金融業で金儲けするには、リスクが低くリターンが高いという、ほんらいはありえない金融商品を開発することとすることが手っ取り早かった。そんな商品であれば、世界中から注文が殺到するからである。

そこで、ウォール街に殺到していた技術者・科学者は、低リスク・ハイリターンの金融商品開発に没頭した。その成果が花開いたのが、二〇〇〇年代初頭にアメリカで発生した資産バブルであった。

「金融工学」という「学問」分野まで登場していたので、投資銀行や商業銀行などの金融資本は、この「学問」を応用して組成したとされる、低リスク・ハイリターンの金融商品を世界的に販売した。

格付け会社が、根拠をあきらかにできないのに、トリプルAの格付けを付与したからでもあった。金融資本は、世界中で稼ぎまくり、すさまじい金融収益を懐にいれた。他人のことなど考えずに、自分の金儲けだけ追求する金融資本の独壇場であった。神の「見えざる手」が、いかんなく有効に機能したのであろう。

ところが、低リスク・ハイリターンの金融商品など、まゆつばものだということが、おっつけあきらかになり、二〇〇八年九月のリーマン・ショックでアメリカの資産バブルはあっけなく崩壊した。これがIT・ハイテク革命の冷厳なる帰結のひとつであった。

(2) 新興企業の勃興

IT・ハイテク革命のなかで、アップルというコンピュータ会社が、それまでの携帯電話に替わるスマートフォン（スマホ）を開発し、世界的なブームとなった。

アップルは、スマホを自社生産してはいない。アメリカ＝本社で、設計図を描き、部品を日本や中国や台湾などの企業に発注し、中国で組み立て、世界中に販売する。その膨大な儲けだけは、アメリカに還流する。

もちろん、課税逃れで儲けをタックス・ヘイブン（租税回避地）においておくことも多い。すさまじい利潤を上げているので、アップルの株価は高騰してきた。

アマゾンやグーグルやフェイスブックなどの新興企業も勃興してきた。その大きな要因は、国家が軍事費をベンチャー企業におしげもなく投入してきたことにある。日本ではけっしてできない芸当である。

これらの企業は、情報提供サービスはもちろん、書籍やさまざまな商品のネット販売などをおこなっている。

インターネットで取り扱うことのできる、ありとあらゆるビジネスを手広く手掛けている。ここでも、莫大な利潤を獲得しているので、株価は高騰してきた。

アマゾン、グーグル、アップル、フェイスブックは、高収益をたたき出す、優良企業であり、株式市場でのリーディング・カンパニーに躍り出た。この四社がアメリカの株式市場の高揚を支えるだけでなく、旺盛な個人消費による好景気も牽引している。

ただし、フェイスブックは、膨大な個人情報を不正に流用して金儲けしたことが暴露され、株価が暴落している。フェイスブックは、他人のことなど考えずに、ひたすら金儲けに走るという資本主義企業の「お手本」だったのであろうか。

ところが、アマゾンやグーグルは、既存の小売業からビジネスを奪っているだけのことだろう。そのため、ウォルマートなどのスーパーマーケットは、経営がいちじるしく圧迫されている。

もちろん、資本主義経済なので、既存の流通業は生き残りのために必死の経営立て直しをおこなっている。

やはり、二〇一八年一〇月に一九世紀に創業した小売業の名門である米シアーズ・ホールディングスが、「連邦破産法」第一一条の適用を申請して経営破産した。

アップルは他社への委託とはいえ、スマートフォンという財を生産しているので、経済成長に貢献しているということは可能かもしれない。

しかしながら、アマゾンやグーグルなどは、既存の産業のビジネスを奪っているだけであるとすれば、現在のアメリカ経済の好調さは幻想であり、いずれ破綻するのではなかろうか。

ほんらいのIT・ハイテク・イノベーションとは、いえないのかもしれない。

だから、米トランプ政権が誕生し、アメリカ第一主義・保護主義をかかげ、自国の経済さえよくなればいいのだということになっているのかもしれない。もちろん、その結果は、悲惨なものになることはあきらかなので、いずれ方向転換されると思われるが。

第四章　台頭する極右勢力は神の申し子か

1　極右台頭の政治・経済的背景

（1）大陸国家の台頭

欧米における近代市民社会の大原則は、どこまで徹底しているかは別として、あくまでも、自由・平等（男女平等）・友愛および近代民主主義と多様性の容認・尊重などである。

ところが、日本はとりあえず民主主義国家に分類されるとしても、世界でいわゆる民主主義国家というのはそれほど多くはない。

西欧の近代市民社会というのは、国民国家（nation-state）から成り立っていた。ところが、アメリカで独立革命が起こり、アメリカ合衆国が建国されると、国民国家の枠組みを突き破ったいわば大陸国家が成立した。

したがって、大陸国家を運営する政治システムとして、かなりの政治権限を連邦に委譲する連邦制が導入されている。大統領の暴走をおさえるためのさまざまな権限も、議会に付与されている。

近代市民社会に移行してからしばらくは、パクス・ブリタニカといわれたが、第一次世界大戦から第二次大戦にかけて、大陸国家たるアメリカがその地位をイギリスから奪い取った。

冷戦下では、大陸国家アメリカと共産党一党独裁化の大陸国家旧ソ連が、世界の政治・経済を「支配」した。

冷戦体制が崩壊するころになると、今度は、共産党一党独裁下の大陸国家中国が台頭し、国内総生産（GDP）で、国民国家日本を追い抜いて、アメリカにせまる世界第二位の地位を占めるにいたった。

中国の政治・経済システムは、政治は一党独裁ではあるが、経済運営は市場経済、すなわち、「社会主義市場経済」というものだという。

社会主義は計画経済で、資本主義は市場経済という競争経済であり、相矛盾するはずの概念なのであるが、このふたつをつなげるという不思議なシステムである。このシステムは、国家資本主義であるといわれることもある。

IT・ハイテク・イノベーションでシュンペーターのいうイノベーションが終了して、経済成長が停止したとすれば、一党独裁下で国家が強力なイニシアティブを発揮して、経済成長政策を推進していくというのも、現代の資本主義のひとつの形態として認めざるをえないのかもしれない。政権批判が厳禁され、人権が侵害されているとしても、国民の生活水準を引き上げていくことができれば、それはそれとして現代の政治・経済システムのひとつの形態だということになるのかもしれない。

もちろん、国民は、生活を豊かにしてくれるという契約をはたしてくれることを前提に、かなりの自由・平等・民主主義の抑圧を消極的に容認しているのだとすれば、経済にかなりの変調をきたせば、共産党は、それまでのような一党独裁を継続できなくなるということなのかもしれない。

もしも、中国で共産党一党独裁が崩壊すれば、深刻な内乱状態におちいることはあきらかである。

（2）大陸国家をめざすヨーロッパ

現代において世界の政治・経済を「支配」するのが大陸国家であるからこそ、ＥＵ（欧州連合）は、国民国家の枠組みを越えて、疑似大陸国家の構築をめざしてきたのではなかろうか。

すなわち、成功しているかどうかはともかく、ヨーロッパは、戦後、米ソ両大陸国家（超大国）に匹敵する大陸国家をめざしてきたのである。

EUは、関税同盟から欧州通貨制度、域内市場統合と経済統合をすすめ、一九九九年には、ついに単一通貨ユーロを導入して、政治統合の一部にまで踏み込んだ。もちろん、ユーロを導入した国からなるユーロ圏は「国家」ではない。

とはいえ、アメリカに匹敵する大経済圏を構築したことはまぎれもない事実である。

EU・ユーロ圏は、国際政治の舞台においても疑似「国家」としてふるまっている。もちろん、通貨主権をECB（欧州中央銀行）という超国家機関に委譲しているとしても、ユーロ圏諸国の国家主権は、あくまで各構成国に帰属している。

それでも、現実にはドイツが、このEU・ユーロ圏を経済的のみならず政治的にも「支配」するようになってきた。ドイツ「帝国」が構築されたのかもしれない。

二〇一〇年五月のギリシャ危機を契機にして、欧州債務危機が勃発すると、もっぱら債務国支援をおこなったのが、債務危機を契機として発生したユーロ安による恩恵をぞんぶんに享受したドイツであった。

ドイツは金融支援と引き換えに債務国にたいして、過酷な緊縮財政をせまってきた。

それ自体は、歴史的にはきわめて正しい政策である。これは高く評価できる。だが、すさまじい増税と歳出削減をせまられた国は、たまったものではなかった。だから、債務国を中心に、ドイツにたいする怨嗟の声がわき上がったのである。

EU執行機関である欧州委員会にたいしても、加盟各国の反感はすさまじいものがある。EU官僚は、高給なのに働かない、休みが多い、態度がでかく生意気などという批判が多い。だが、それは必要悪なのかもしれない。

というのは、現状で二八カ国という加盟国をたばねて、政治・経済統合をすすめていくのは至難のワザだからである。高給取りで、態度がでかくても、休みが多くても、政策立案能力のきわめて高いEU官僚は不可欠である。だから必要悪なのである。

首相に媚を売ることしかできない日本の官僚諸君などに、とうていマネのできる芸当ではない。だから、緊縮財政を押し付け、国民の生活を破壊するドイツへのEU各国の反感、EU官僚にたいする憎悪・怨嗟の声はすさまじいものがあるのだ。

ヨーロッパで、一人勝ちのドイツが「支配」するEU・ユーロから離脱せよと、声高にさけぶ極右勢力・ポピュリズム勢力が急速に台頭してきた大きな要因のひとつというのは、ここにあるといえよう。

（3）欧米近代の自由・平等・民主主義

西欧近代の大原則は普遍的か

歴史的にみれば、古代でも近代でも民主主義というのは、あくまでもヨーロッパでの政治制度である。戦後、欧米民主主義を輸入した日本の民主主義というのも、その実態は、お世辞にも、民主主義といえるような代物ではない。

民主主義下にはあるものの、ほとんどの国民が貧困状態にある国と、ほとんどの国民は最低限の生活が保障されてはいるものの、独裁政権下にある国のどちらがましか、ということが議論されることがある。

もちろん、しっかりとした民主主義のもとで、国民の最低限の生活保障がなされている国がいいのであろう。

アラブ・中東諸国では、イスラム教が主流である。イスラム教の戒律はきびしく、飲酒やポルノは禁止されている。

自然条件がきびしい砂漠地帯のなかで生きていくためには、国民が酒びたりになり、ポルノにのめりこんでいったら、国家などとうてい維持できないからかもしれない。

民主主義政体ではなく、一夫多妻制が認められ、女性が差別され、女性は他人に肌を見せてはいけないなどは、まがりなりにも民主主義下で生きている人間には、なかなか理解のできない制度であろうが、それはそれとして否定することもできないのかもしれない。

女性の米兵がサウジアラビアで、肌を露出していたのを見たテロリストのある頭目が絶対にゆるさないとして、アメリカに同時多発テロをしかけたともいわれている。

異文化の世界に接触するときには、異文化にしたがう必要があるのではなかろうか。多様性の容認・尊重が不可欠ということであろう。

世界に押し付けられた民主主義

一九七〇年代からアメリカは、新興諸国・発展途上国・産油国などに、IMFをつうじた金融支援などと引き換えに新自由主義的な経済システムを押し付けてきた（構造調整プログラム）。

そのおかげもあって、冷戦崩壊を契機に進展した現代グローバリゼーションによって、アメリカの大資本・金融資本は、世界的規模での収益機会を獲得することができるようになった。

しかしながら、世界中での利潤追求だけであったとすれば、貧富の格差がいちじるしく拡大したかもしれないが、二〇一六年の米大統領選挙でのトランプ当選にはじまる世界政治の激変はなかったかもしれない。

二〇〇〇年代に突入した現在、世界史が大転換しつつあるのは、現代グローバリゼーションには、経済的な側面だけでなく、欧米型民主主義の世界的な「強制」があったからであると考えられる。

中東・アラブ諸国には独裁政権が多い。それは、近代民主主義の原則とあいいれないものである。だから、「アラブの春」としょうする民主化運動が燎原の火のごとくに広がったのである。

米ソ冷戦終結後しばらくして、中東・アラブ諸国において、欧米型民主主義の「強制」にたいする抵抗・内乱も勃発した。その間隙をぬって、テロリスト集団が、「イスラム国」という国家の樹立まで宣言するにいたった。

シリアなどでは、政府軍、反政府軍にテロリスト集団がくわわり、戦闘は激化し、膨大な難民がヨーロッパに流入した。シリアでの民主主義をもとめる反政府軍をアメリカやヨーロッパなどが、政府軍をロシアなどが支援している。

その結果、二〇一五年には、一〇〇万人あまりの難民がドイツを中心にヨーロッパに流入した。これがヨーロッパにおける極右台頭の最大の原因であると考えられる。

すなわち、ヨーロッパにおいて、「男女平等を認めず、近代民主主義すら否定する」イスラム諸国からの移民・難民を排除せよという、極右政党・ポピュリズム政党が台頭してきた。

近代民主主義を否定する極右政党・ポピュリズム政党が、民主主義の徹底を主張するというのもおかしなものであるが、国民受けするのであれば前言を翻しても、なんともないのである。ポピュリストの「面目躍如」というところか。

2　米トランプ政権の誕生

(1) 予期せぬ米大統領選挙

二〇一七年一月、アメリカで、ほとんどの人が予想だにしなかったトランプ大統領が誕生した。政治家はもちろん世界中の人々が、アメリカは何処にいくのかと不安にかられている。

トランプ大統領は、就任するや「アメリカ・ファースト」をかかげて、TPP（環太平洋経済連携協定）への不参加、メキシコ国境との間に壁の建設などの大統領令に署名した。

貿易については多国間協定ではなく二国間で交渉し、アメリカに有利なようにもっていく。メキシコからの不法移民を入国させないために国境に壁を建設し、費用をメキシコに支払わせるなどという。

アメリカでの雇用を守るために、アメリカを見捨ててメキシコに工場建設をすれば、メキシコから輸入するときに高額の関税をかけると息巻く。そうしたら、名だたる自動車会社がアメリカに工場建設をするとして、大統領の軍門に下った。

トランプ大統領は、巨額の貿易赤字に我慢ができない。日本は、見たこともない大きな船で何十万台の自動車をアメリカに売っているのに、関税をかけてアメリカ車を買わないという。いずれ、トランプ当選以来の円安政策に食ってかかるであろう。

しかし、米大統領がどれだけわめいても対日赤字は減らない。問題は、関税をかけていないのにアメリカ車が日本で売れないことである。ベンツやBMWなどヨーロッパ車は売れているのに。ようは、アメリカは、日本で売れる車をつくっていないということなのである。

安倍首相は、米大統領にTPPと自由貿易の重要性を説得するという。天下の米大統領に、である。偉そうに説教するんだったら、真珠湾での「だまし討ち」を謝罪しろといわれかねない(現に、二〇一八年六月に安倍首相が訪米した際、そういったそうである)。

自由貿易というなら、コメや牛肉など食料品の関税をゼロにし、非関税障壁も撤廃しろ、さもなければ、日本車輸入に高関税をかけるぞといわれることは必至である。これが二国間協議なのである。

米大統領は、時代錯誤の重商主義・保護主義に凝り固まり、輸出を増やして輸入を減らし、貿易黒字を貯め込めば国は豊かになると信じ込んでいるのであろう。

富というのは、貿易黒字ではなく、労働によって生み出されるとして、アダム・スミスは、重商主義をきびしく批判したし、それぞれの国がその国でもっとも生産性の高い財の生産に特化して輸出すれば、貿易によって、それぞれの国が豊かになることをリカードがあきらかにした。

たしかに、グローバル化は行き過ぎた面があったが、世界の経済格差がほんの少しではあるが縮まってきたこともまた事実である。ただし、アメリカでは格差は広がった。

保護主義は、歴史的に破綻している。アメリカ・ファーストということは、他国は、二番目以下ということである。自国通貨安誘導がＩＭＦ協定で禁止されているのは、輸出ばかりして輸入しないのは、近隣窮乏化政策にほかならないからである。

アメリカが関税をかければ、相手国も関税をかける。為替安競争にもなる。これは、一九二九年世界恐慌後に各国がおこなったことで、その帰結は世界戦争であった。

トランプ大統領は、中国や日本やヨーロッパからの輸入品に高関税をかけると息巻いている。ほんとうに米中貿易戦争がはじまった。

アメリカのオートバイ会社ハーレイ・ダビッドソンは、ヨーロッパ向けのオートバイが売れなくなるので、海外生産に移行すると表明し、トランプ大統領の怒りをかった。

だが、利潤を追求する企業は、売れなくなることがわかっていて、大統領のいうことなどきかない。そんなことをしたら、株主から、会社に意図的に損害をあたえたとして訴えられてしまう。

これが資本主義なのである。トランプ政権の命運はいずれ尽きるだろう。

（2）トランプ氏登場の背景

世界史は、現代の「各人（移民・難民）と各人（白人低・中所得者層）の戦争」こそが、国家の統治に有効であるという段階に突入した。その「神」の申し子（鬼子）ともいうべき人物こそトランプ氏なのかもしれない。

もし、そうであるとすれば、これもまた、世界史の必然なのであろうか。

トランプ氏は、親から譲られた不動産業で財をなしたアメリカン・ドリームの体現者であって、ほんらいであれば、政治家を志したとしても、多くの白人の中・低所得者層に支持されることなどありえない。

ところが、見事に支持された。それは、二大政党の一角である共和党員が移民・難民排斥・アメリカが第一という極右政党の主張を取り込んだかたちで大統領選挙を戦ったからである。

アメリカには、白人至上主義の団体は存在するものの（ＫＫＫ団等）、アメリカではヨーロッパほどには、極右政党が台頭していないのはそのためであろう。

共和党の「極右政党化」、これがアメリカ国家の新たな統治形態なのかもしれない。

すなわち、トランプ氏は、現代の「各人と各人の戦争」において、自国民とりわけ白人低・中所得者層の側に立っていると彼らに誤解させることに成功し、大統領に当選したのであろう。もちろん、得票の絶対数では勝ってはいなかった。独特の選挙制度のたまものである。

トランプ氏の戦術は、大陸国家の枠組みのなかにおいて、他人種・他民族・他宗教の信者という「敵」をつくるというものであった。トランプ氏自身は、あまり認識していなかったようであるが、選挙参謀が世界史の大転換を冷静に分析したということなのであろう。

この「敵」から自国民を守ると主張することで、中・低所得者に限らず多くの白人が支持をした。極右政党顔負けの過激な主張を声高にさけんだ帰結である。

もちろん、そんなことなどできはしないのであるが、白人低・中所得者層の雇用を確保するには、自国第一主義・保護貿易主義を貫かなければならないし、しかも、移民・難民、他人種・民族、他宗教を信仰する人を排除しなければならないという。

「各人（移民・難民や他人種・民族や他宗教を信仰する人）と各人（白人低・中所得者層）の戦争」だからというわけである。

二〇一八年一一月におこなわれた米中間選挙で、やはり共和党は議会上院で過半数を確保したが、下院では過半数を割った。若者の多くが民主党に投票したといわれ、良識がしめされたといえるかもしれない。

とうぜんのことながら、国際社会からもはげしい批判をあび、持続不能であることはあきらかである。ようするに、自国民同士の「戦争」ではないので、既存の国家の枠組みでは対応不能だということなのである。

だから、現代の「戦争」を終結させるには、国際的な対応・措置が不可欠なのである。

3　ヨーロッパでの極右政党の台頭

(1)　ポーランドとハンガリーの強権政治

二〇〇四年にポーランドがＥＵに加盟してから、域内での貿易が促進され、就業者が増加し、経済は好調である。

ところが、二〇一五年一〇月の総選挙で右派政党「法と正義」が勝利して政権の座につくと、憲法裁判所の判事をすげ替え、公共放送や通信社を国有化し、司法と報道の自由に介入をつづけている。

二〇一七年七月には、裁判官の人事権をもつ評議会のメンバーを下院が選出するなどの法案を可決した。近代市民社会の大原則である三権分立を損なう行為である。

司法の独立を重視するEUは、民主主義の根幹を揺るがすとして制裁を辞さないかまえであるが、同様の強権的改革をすすめるハンガリーが擁護したこともあり、制裁阻止に動くと宣言した。

ハンガリーでも、オルバン政権が憲法裁判所の権限縮小や報道への監督強化などを推し進めてきている。二〇一五年の大量の難民流入に際しては、国境にフェンスを築いて難民の流入を阻止した。

二〇一八年四月に投開票された議会選挙（一院制、定数一九九）で、オルバン首相の率いるフィデス・ハンガリー市民連合の与党連合が、四年前とおなじ「憲法」改正に必要な三分の二をわずかに上回る一三三議席を獲得した。

極右政党ヨッビク（より良いハンガリーのための運動）は三六議席を獲得し、野党第一党になる一方で、社会党などの議席は伸びなかった。

オルバン首相は、二〇一〇年から三期連続で政権を担当することになったが、難民受入れの拒否、メディアや司法に圧力をかけるなどの強権政治がつづくことになった。

ところが、オルバン首相は、ヨーロッパ諸国の極右政党のように、EUからの離脱については明確に主張していない。ハンガリーは、二〇〇四年にEUに加盟したことで多額の補助金を受け、自動車産業の興隆などで経済が成長し、失業率も低下してきたからである。典型的な、いいところ取りであろう。

ポーランドとハンガリーとチェコの三カ国は、二〇一五年にEUが難民を分担して受け入れることを決めたものの、これを拒みつづけている。そのため、EUが制裁手続きにはいっているものの、有効な手段をとれないでいるのが現状である。

(2) オーストリアとオランダの選挙

二〇一六年一二月にオーストリアでおこなわれた大統領選挙で、左派候補が勝利したものの、自国第一主義をかかげる極右候補が僅差で追い上げた。

ここで、かろうじて、ヨーロッパで極右政党の台頭を阻止したといえるのかもしれない。しかし、そうはならなかった。

二〇一七年三月、オランダで下院選挙(定数一五〇)の投開票がおこなわれた。投票率は八〇%あまりと前回の七四・六%を上回った。

オランダの選挙は、完全比例代表制で、少数政党も議席を獲得することができるので、改選前には、一一の政党が下院に議席を有していた。選挙後には一三政党に増えた。イギリスのEUからの離脱、アメリカでのトランプ大統領の誕生など、世界的にポピュリズム（大衆迎合主義）勢力が台頭するなかで、極右政党が大幅に議席を伸ばすのではないかといわれていた。

事実、事前の世論調査でも、過激な「反イスラム」をかかげる極右政党・自由党がトップで、議席を倍増し、第一党に躍り出る勢いといわれていた。

選挙の結果、自由党は、それまでの一二議席から二〇議席に伸ばし第二勢力となった。ところが、第一党には届かかず、二〇一〇年の下院選挙で獲得した二四議席を上回ることができなかった。

とはいえ、新興ポピュリズム政党である「民主主義のためのフォーラム」が、下院ではじめて二議席を獲得したことは、注視する必要がある。

第一党だった連立与党の自由民主党（中道右派）は、四〇議席から三三議席に減らしたものの、第一党を維持した。おなじく連立与党の労働党（中道左派）は、それまでの三五議席から九議席と議席を大幅に減らした。

中道右派のキリスト教民主勢力と中道左派リベラルの民主66が、議席を伸ばしてともに一九議席を獲得した。

こうしたなかで、左派のグリーン・レフトは、四議席から一四議席に躍進し、左派の社会党は少し議席を減らしただけであった。

注目されるのは、トルコやイスラム系の国民への差別に反対するデンク（オランダ語で「考えよ」、トルコ系移民の政治家が立ち上げた）があらたに議席を獲得したことである。

この選挙の結果、中道右派と中道左派による連立政権が誕生した。オランダの下院選挙の結果によって、とりあえずポピュリズムのヨーロッパへの広がりを押し止めることができたはずであった。

二者択一がせまられたイギリスのEU離脱の国民投票やアメリカの大統領選挙とは違って、二八もの政党が選挙戦を戦ったので、有権者には選択の幅がじつに広い。そのために、差別に反対する政党やポピュリズム政党も議席を獲得できたのであろう。

総選挙がおこなわれてから半年以上もたった二〇一七年一〇月に、ようやく第三次ルッテ内閣が発足した。

中道右派の自由民主党とキリスト教民主勢力、中道左派リベラルの民主66、中道のキリスト教連合が連立政権をくんで、第二党に躍進した極右・自由党を排除した。連立政権は、定数一五〇議席のうち七六議席とかろうじて過半数を確保しているだけで、不安定な枠組みである。

（3）オーストリアの総選挙

二〇一七年一〇月にオーストリアで国民議会（下院）選挙がおこなわれ、難民の流入阻止をかかげた中道右派の国民党が三一・四％を獲得して第一党になり、反イスラムをかかげる極右の自由党も票を伸ばして二七・四％と第二党に躍進した。

難民問題を主要な公約としなかったケルン首相の中道左派・社会民主党は、二六・七％の得票率で第一党の座から滑り落ちた。

一二月になって、中道右派の国民党と極右の自由党による連立政権が発足した。ところが、連立与党のかわした政策合意書に「南チロル問題」が紛れ込んでいるところに大きな問題があった。

南チロルというのは、旧オーストリア領のイタリア・ボルツァーノ自治県である。ここにオーストリアの極右が目をつけて、一〇〇年も前に切り離された隣国の住民を「自国民」として認めようというのである。

極右政党が政権に参加するのは二〇〇〇年以来、二度目である。このときには、社会の抵抗感も強かったが、この間のヨーロッパでの極右勢力の台頭の流れのなかで、国民のなかにもあまり抵抗がなくなってきているようである。

（4）イタリアの総選挙

二〇一八年三月にイタリアで総選挙（上下院）の投開票がおこなわれた。下院での獲得議席数は、ポピュリズム（大衆迎合主義）的な新興政党である五つ星運動が二二七議席、中道右派連合が二六五議席、与党民主党をふくむ中道左派連合が一二二議席であった。投票率は七三％である。

五つ星運動は両院で躍進し、単独政党としては第一党に躍り出た。中道右派では、極右に近い同盟が一二五議席の獲得で、ベルルスコーニ元首相率いるフォルツァ・イタリアの一〇四議席をおさえて最大勢力に躍進した。与党民主党は、一一二議席と大敗した。

総選挙において、与党民主党をふくむ中道左派連合が大きく議席を減らした。民主党のレンツィ党首が辞任を表明し、野党になると発言した。どの政党も、過半数を獲得することができなかったので、連立政権の樹立をめざして多数派工作がおこなわれた。

連立協議はきわめて難航したが、マッタレッラ大統領は、法学者のジュセッペ・コンテ氏を首相に指名し、二〇一八年六月に、ポピュリスト政党の五つ星運動と極右政党の同盟の連立政権が誕生した。ポピュリスト政党と極右政党による連立政権というのは、ヨーロッパでも、G7でもはじめてのことである。

コンテ政権は成立早々、イタリアへの難民船の受け入れを拒否した。このときには、スペインが受け入れてことなきをえたが、コンテ政権が反EU・ユーロ政策、反移民・難民政策を推進していけば、EUだけでなく、世界経済のかく乱要因になる可能性が高い。

4　フランス大統領選挙

(1) 大統領選挙結果

二〇一七年四月、仏大統領選挙第一回投票がおこなわれた。過半数の票を獲得した候補がいなかったので、得票数で上位二候補、第一位の無所属（中道）のエマニュエル・マクロン候補と第二位の国民戦線（極右、現・国民連合）のマリーヌ・ルペン候補が決選投票にのこった。

二大政党のうち共和党（中道右派）は、三位にあまんじて決選投票に進出できなかった。オランド大統領の社会党は、左翼党（極左）よりも得票数が少なく第五位であった。二大政党のいずれもが決選投票にのこれない異例の事態となった。

五月七日の決選投票でマクロン候補が勝利したが、それは、既成政党が欧州債務危機後の経済改革や失業率の低下につまずき、有権者の不満が高まるなか、かといって極右や極左などのポピュリズム政党には投票できないという有権者が、無所属ながら中道の候補を選んだからである。ルペン候補が躍進したのは、経済の低迷する北東部や南部である。有権者の不満が既成政党離れを引き起こし、EU離脱や移民排斥を訴えるポピュリズム勢力が躍進した。

決選投票での得票率は、マクロン候補が六六・一%、ルペン候補が三三・九%であった。この決選投票では、棄権や白票・無効票が二五・四%にものぼった。とくに、白票・無効票は一一・五%で、一九五八年の第五共和制発足以降での大統領選挙としては過去最高であった。マクロン候補は二、〇七五万票を獲得したが、全有権者四、七〇〇万人の半分にもみたない。マクロン候補による経済を活性化させるという訴えが、かならずしも支持されたわけではないであろう。

(2) 国民連合台頭の可能性

六月には、フランス国民議会(下院)の決選投票(第二回)がおこなわれ、マクロン氏率いる新党共和国前進が、系列政党とあわせて全議席五七七のうち三五〇議席を獲得した。しかし、事前予想約七割獲得を下回る議席数であった。

決選投票の投票率は四二・六％で、第一回の四八・七％を下回った。これも第五共和制以降で最低であった。

大統領選挙で重要なことは、国民戦線（現・国民連合）のルペン候補が決選投票で三三・九％獲得したことである。あと一六・一％超を上乗せすれば、次回の大統領決選投票で当選できる。

マクロン大統領が五年間の大統領任期中に、失業率の低下、景気の回復、経済の活性化等を実現できなければ、五年後にルペン大統領誕生という悪夢が現実のものとなる可能性が高くなった。

その帰結は、ユーロ消滅・EU崩壊、フランス第一主義の台頭、貿易・為替戦争などである。

だから、マクロン大統領は、独メルケル首相と連携して、EUの統合をさらにすすめて、経済成長を実現しようとしたのである。

ところが、マクロン大統領の支持率は、六月の六四％からわずか三カ月で三六％へ、その後、二〇％台まで急落した。

支持率の低下は、フランスの全世帯の二割あまりが受給している住居費補助の削減や国防費削減に反発する軍への高圧的対応などによるものである。公費の私的流用も反発を受けている。

こうしたなかで九月には、上院選（三四八議席のうち一七一議席の改選）がおこなわれたが、共和国前進は選挙前の二九議席から三議席に後退した。
いずれヨーロッパの大国に、極右政権が誕生する可能性も現実味をおびてきた。

5 ドイツの総選挙

(1) 独メルケル首相の政治姿勢

ドイツのメルケル首相は、トランプ氏の米大統領当選にさいして、つぎのようなお祝いの電話をしたという。

「血統、肌の色、宗教、性別、性的指向、政治的立場に左右されず、民主主義、自由、人権と、人の尊厳への敬意という価値観の共有に基づき、トランプ次期米大統領と緊密な協力を申し出たい。」

独首相は、自由・平等・友愛および近代民主主義と多様性の容認・尊重という近代市民社会の理念の重要性を堂々とつったえたのである。

二〇一七年五月にメルケル首相は、ミュンヘンでの選挙演説でつぎのように発言した。

「ほかの国々を全面的にあてにできる時代は、過ぎ去りつつあります。そのことをこの数日間、痛感しました。私たち欧州人は、自分たちの運命を自分たちで切り開いていかなければならないということです。もちろん、アメリカとも、イギリスとも、そしてロシアを含む近隣諸国とも友好的な関係を保つことは必要です。しかし、私たちは、自分たちの将来のためにみずから戦う必要があります。」

メルケル首相は、イタリア南部で開催された主要国首脳会議（G７）が終了し、トランプ米大統領が帰国した翌日にこの発言をおこない、米主導の西側同盟が終結したといいたかったのかもしれない。

二〇一七年七月に独ハンブルグで開催された二〇カ国・地域（G20）首脳会議に参加するトランプ米大統領は、湖のほとりにある屈指の名門ホテル「フィア・ヤーレスツァイテン（四季）」の宿泊を断られたという。

もしも、これが事実であるとすれば、白人至上主義を擁護し、人種・民族・宗教差別や保護主義に傾き、温暖化対策に背を向けるトランプ大統領を宿泊させることは、名門ホテルのプライドが許さなかったということなのであろう。

トランプ大統領は、「オルタナティブ・ファクト」、すなわち、もうひとつの真実というウソを平気で垂れ流している。

こうしたなか、ドイツ連邦議会は、二〇一七年六月に「フェイクニュース（偽ニュース）」を規制する法案を可決し、一〇月から施行された。偽ニュースの横行は、民主主義の根幹をゆるがすからである。

（2）難民受け入れ政策の修正

従来、メルケル首相は、難民受け入れに積極的で、二〇一五年から一〇〇万人あまりを受け入れた。

それは、「基本法（憲法）」第一六a条で「政治的に迫害されたものは、庇護権を有する」と規定されているからである。これは、第二次世界大戦の侵略戦争を真摯に反省する条項である。

ところが、ドイツにおいても難民流入を制限すべきだという声が高まってきた。

そこで、難民排斥を主張する右派ポピュリズム政党が台頭すると、トルコとEUとの協定を推進し、ヨーロッパに流入する不法移民の流れを食い止めるとともに、難民申請が却下された外国人の強制送還を容易にする法律が制定された。

メルケル首相は、難民の入国を抑制するなどの現実路線に転換した。難民を保護するという政策を堅持しながら、流入に歯止めをかける政策を遂行しているといえよう。

(3) 総選挙でのメルケル首相の敗北

環境保護政策については、ハンブルグで開催されたG20では、温暖化対策の国際的枠組みである「パリ協定」からの離脱を表明したトランプ大統領とわたりあって、アメリカ以外の国を環境保全の取り組み強化で一致させることに成功した。

さらに、社会民主党（SPD）が主張したEUとの協調も、マクロン仏大統領との連携をアピールして取り込み、格差解消の主張については、中所得者の減税を公約にかかげた。

メルケル首相は、社会民主党への「抱きつき戦術」をとったのである。

かくして、二〇一七年九月にドイツ連邦議会選挙（下院）がおこなわれたが、反難民の世論が予想以上に強く、大連立を組んでいたキリスト教民主・社会同盟（CDU・CSU）が議席を減らし、「抱きつかれた」ドイツ社会民主党の議席は激減した。

CDU・CSUは二四六議席獲得で、第一党の座を確保したものの、それまでの三〇九議席から大幅に減少し、得票率は、二〇一三年におこなわれた前回選挙から八・五%も低下した。批判票は、自由民主党（FDP）と右派政党ドイツのための選択肢（AfD）に流れたといわれている。

SPDは、戦後最低の得票率二〇・五%で、前回から五・一%も減らした。反イスラムや反難民・移民をかかげるAfDは、得票率一二・六%で、連邦議会にはじめて九四議席を獲得し、第三党に躍り出た。

ドイツでも右派ポピュリズム政党が一定の勢力を確保した。民族主義的な政党が連邦議会に議席を確保するのは、戦後の混乱期以来六〇年ぶりのことである。

旧東ドイツの社会主義統一党の流れをくむ左派党も得票率九・二%、六九議席を獲得した。自由民主党の得票率は一〇・七%、八〇議席、緑の党は八・九%、六七議席を獲得した。

SPDは選挙で惨敗したので、早々と下野をきめて、CDU・CSUとの大連立は解消された。メルケル首相に「抱きつかれた」うらみもあったのだろう。

（4）第四次メルケル政権の誕生

メルケル首相は、FDPと緑の党との連立政権を模索したが、二〇一七年一一月に政策が折り合わず挫折した。

そこで独大統領が仲介役に乗り出し、キリスト教民主・社会同盟（CDU・CSU）とドイツ社会民主党（SPD）の大連立交渉がおこなわれることになった。

二〇一八年一月七日に連立協議が開始され、二月七日に合意したが、その承認は、全社会民主党員46万人による郵便投票できめられることになっていた。三月四日に開票がおこなわれ、賛成六六％、反対三四％で大連立の継続が承認された。

こうして、三月一四日にようやく第四次メルケル政権が誕生した。戦後のドイツにおいて、五カ月にもおよんだ政治空白というのは、はじめてのことである。

国民の不満の根源である難民の受け入れについては、連立合意において、年間一八万～二二万人に抑制するとされた。難民に国境を開放した二〇一五年よりもきびしい政策をとることになった。

このメルケル政権にたいして、右派政党ＡｆＤは、さっそく対決姿勢を明確にし、難民受け入れ制限については、これを生ぬるいと批判した。

連立合意で、ＥＵの統合強化のためにＥＵ予算へのドイツの拠出の増額の方針がしめされているが、これについても、他国にドイツの資金がつぎ込まれることを阻むと息巻いた。

メルケル首相は、引き続き政権を担当することになったが、ドイツにおいても、移民・難民の排斥、自国中心主義が高まることは必至である。

メルケル首相は、かろうじて欧米で台頭する自国優先、移民・難民排除のポピュリズムのうねりを、押し止めたといえるかもしれない。

とはいえ、自由・平等・友愛および近代民主主義と多様性の容認・尊重という近代市民社会の理念を堅持して、欧州統合をすすめていくことは、それほどたやすいことではないだろう。

やはりというか、二〇一八年一〇月におこなわれたバイエルン州での友党（CSU）の敗北につづいて、ヘッセン州でおこなわれた州議会選挙で、メルケル首相の率いる与党・キリスト教民主同盟（CDU）が大きく得票率を減らした。

メルケルは、州議会選での敗北を受けて、同年一〇月二九日、一二月の党大会でCDU党首選に出ないことを表明した。首相の職は、二〇二一年の任期まで務めるが、その後は政治家を引退するという。

欧州統合を主導してきたメルケル首相が党首でなくなることより、ヨーロッパの行方に暗雲がたれこめていくことであろう。

第五章　不思議の国の高い支持率　安倍政権

1　高度経済成長の終焉と経済構造改革

(1) 高度経済成長の終焉

第二次世界大戦で敗戦し、焼け野原となった日本は、戦後初期に制定された「日本国憲法」のもとで、世界史に例をみないような高度経済成長を達成した。

軍事的・半封建的な戦前日本資本主義と断絶して、「日本国憲法」が新たに制定された。主権在民・基本的人権の尊重・戦争放棄による平和主義を高らかに謳う「日本国憲法」のもとで、日本は、民主主義にもとづく平和国家として生まれ変わることになった。

ここで、日本は、はじめて市民革命がおこなわれたということもできるかもしれない。

新生日本は、新たな新鋭重化学工業をアメリカから移植・創出して、長期にわたる高度経済成長を実現した。

それは、第二次世界大戦後の米ソ冷戦体制のなかで、資本主義の領袖の地位についたアメリカが、中国革命が成功したことにより、日本を中ソ「社会主義」国にたいする最前線基地に位置付け、日本の重化学工業化を促進したことによるものである。

高度経済成長の達成により、明治維新以来の悲願であったヨーロッパに追い付け・追い越せを実現した。当時の国民総生産（GNP）で、まずイギリスを、つぎに旧西ドイツを凌駕し、一九六〇年代末には、アメリカにつぐ自由主義世界第二位の「経済大国」に躍り出た。

財閥解体と農地解放により、大資本家（経営者）と大地主が追放されたことで、経済格差がいちじるしく縮小し、高度経済成長により、世界史上でもまれにみるような「一億総中流」社会が実現した。

高度経済成長で企業収益が拡大したこともあって、終身雇用制・年功序列賃金・企業別組合という日本的経営が可能となった。

だが、日本経済は、一九七〇年代初めに重大な試練に突き当たった。

それは、ひとつは、原油価格が一挙に四倍に跳ね上がったオイル・ショック、もうひとつは、それまでの一ドル＝三六〇円という日本に有利な固定外国為替相場から、変動相場制に移行したことである。

高度経済成長が終了したこともあって、日本企業は、こうした苦難を乗り越えなければ、過剰な生産設備をかかえて、軒並み倒産の憂き目にあうはずであった。

日本企業は、オイル・ショックと変動相場制への対処をせまられた。

(2) 日本が輝いた時代

こうした苦境に対処すべく、企業にとって、ひとつは、経営の合理化・効率化がまったなしの状況にいたった。ほとんどを輸入に頼っていた重要な原材料である原油価格が暴騰したことで、企業収益がいちじるしく圧迫されたからである。

もうひとつは、高度経済成長が達成されたとはいえ、当時の日本国内での内需は、まだまだ不十分なものであり、とうぜんのことながら、マーケットを欧米諸国に求めざるをえなかったことである。

高度経済成長の過程で膨大な新鋭設備投資がおこなわれたが、そこから生産されるおびただしい製品を欧米諸国に輸出することで、過剰設備の累積による深刻な景気後退・不況を回避することができた。

ところが、欧米諸国で日本製品が売れるためには、高品質・高性能・高機能でなければならない。自動車や電気製品などは、欧米諸国でも生産しているからである。輸出企業は、売れる製品の開発に全力を投入した。

企業経営にとって、さらに深刻な問題は、外国為替相場が固定相場制から変動相場制に移行したことである。おのずと、それまでの割安な円から、急速に円高に転換していった。輸出企業は、円貨での輸出製品の受け取り代金が減っていった。

こうした収益の激減と円高に対応すべく、輸出企業は、すさまじい経営の合理化・効率化をせまられた。ロボットの導入などによる生産性の向上とともに、欧米諸国に負けない高品質・高性能・高機能製品の開発・投入が強制された。

一九八〇年代も終わりころになると資産（不動産）バブルが発生し、日本は、欧米に高品質・高性能・高機能製品を提供するとともに、金融セクターにおいても、「世界に敵なし」という幻想をいだかれるようになった。

幻想のさいたるものは、一九七九年にハーバード大学名誉教授エズラ・ヴォーゲルによる『ジャパン・アズ・ナンバーワン』という本の出版であった。

そうするうちに、日本の製品があまりにもいいので、欧米諸国の製品が売れないとか、日本の金融機関が世界の金融サービスを独占しているとして、ジャパン・バッシング（日本たたき）がはげしくなっていった。

（3）ジャパン・パッシング

もちろん、日本の金融機関の「大活躍」というのは、資産（不動産）バブルという「宴」によるものであって、あくまで幻想にすぎなかった。もしかしたら、このときこそ、ほんの一瞬ではあるが、日本が、「内需主導型経済」を実現し、輝いた時代だったのかもしれない。

もちろん、幻想だということがあきらかになるのに、それほど時間を必要としなかった。一九八九年に昭和が終わり、時代は平成となった一九九〇年代にはいると資産（不動産）バブルが瓦解しはじめ、長期不況にみまわれたからである。平成大不況がそれである。

貸し金が返ってこないという膨大な不良債権をかかえる金融機関はもちろんのこと、企業も、過剰設備・過剰債務・過剰雇用という「無間地獄」におちいった。

ここで、日本経済は、完全に思考停止となってしまった。金融機関や企業は、ひたすら不良債権をふくむ四つの過剰の処理に集中的に取り組んだ。

金融機関や企業が獲得した収益を損失処理にあてるのは、個別企業としてはきわめて正しい行動である。ところが、すべての金融機関や企業が同時におこなうと、景気はいちじるしく低迷する。いわゆる「合成の誤謬」といわれる事態である。

企業の収益性は低いので、日本銀行は政策金利をゼロ近くまで引き下げた。景気が低迷するので、株価は暴落した。挙げ句のはてに、一九九〇年代末から消費者物価が持続的に低下するデフレーション（デフレ）不況にみまわれてしまった。

デフレというのは、通貨の価値が上昇することなので、いきおい円高がすすみ、輸出が低迷し、不況にさらに拍車をかけた。為替差損を回避するためや低賃金を求めて、輸出企業は、大挙して、海外マーケットに逃避した。

こうした日本に外資は見切りをつけた。日本のマーケットには、魅力と収益機会がまったくなったからである。いわゆるジャパン・パッシング（日本素通り）という事態が進行した。

外資は、日本を素通りして、アジアの成長市場である中国などに進出し、金融機関は、香港やシンガポールに拠点を移した。

（4）経済構造改革

経済構造改革の大失敗

円高デフレ不況の真っただ中の二〇〇一年に、小泉純一郎政権が誕生した。小泉政権は、「結果の平等ではなく、機会の平等」「努力したら報われる社会」の実現をめざして、経済構造改革を断行しようとした。

すなわち、それまでの「一億総中流」社会などは、高度経済成長という歴史的にも例外的な時期にのみ成り立つものであって、競争原理をトコトン貫徹させる新自由主義を日本にも導入すべきというものであった。

それは、つぎのような主張に典型的にあらわれている。

各種規制の緩和・撤廃、徹底的な民営化、企業と高額所得者の減税などが必要である。それは、企業に収益機会を拡大させて、景気を高揚させ、企業収益に貢献した従業員などに多くの報酬をあたえるべきだからである。

努力して金儲けしたら、その労に報いるために、税金をあまりとってはならない。

それまでのように高額所得者に重税を課す累進課税では、金儲けして、金持ちになろうとするインセンティブがわかないので、ベンチャー企業などが設立されにくく、経済が活性化されないからである。

高度経済成長期に成立した日本的経営、とりわけ終身雇用制や年功序列賃金というのは、典型的な「結果の平等」であって、悪しき形式的平等の権化である。

したがって、「機会の平等」、すなわち競争を徹底し、企業収益に貢献する労働者・従業員に多くの報酬をあたえるべきである。

小泉政権のもとで、こうした経済構造改革が実行されていった。

規制緩和・撤廃などがおこなわれるとともに、経済界の要請でなかなか労働者の首切りができなく、労働コストが高い日本において、派遣・パート・アルバイトという非正規雇用者の大規模な採用が認められた。

とくに、政府は、それまで禁止されていた派遣労働者の製造業現場での雇用を認めた。

超円高デフレ不況が深刻化するなかで、製造業企業は、労働コストの削減のために、大量の非正規雇用者を採用した。というのは、低賃金で雇用できるだけでなく、景気が悪くなったら、比較的容易に解雇できるからである。

この経済構造改革の帰結というのは、悲惨なものであった。

とりわけ金融・株式市場の規制が緩和・撤廃されたので、てっとり早く金儲けしようとして、それまでになかったようなマネーゲームが横行するとともに、非正規雇用が急激に増加していっただけであった。経済・賃金格差が急激に拡大していった。

その後、リーマン・ショックなどを契機にして、超円高デフレ不況が、さらに深刻化していった。

株主資本主義の諸問題

日本にアメリカ型新自由主義を導入しようとした経済構造改革が、「見事」に失敗したのは、なぜなのか。

それは製造業を中心とする経済システムのばあい、まともな製造業のないアメリカ型株主資本主義を導入したとしても、有効に機能しないばかりか、製造業を衰退させてしまう結果になるからである。

アメリカ型株主資本主義の考え方というのは、株式会社は唯一、株主だけのものであるというものである。

この考え方によると、会社の経営者・従業員は、株主のために利益をあげることが唯一のミッションということになる。M・フリードマンは、株主のために利益をあげるのが、会社の社会的貢献だとまで言い切っている。

四半期ごとに利益をあげなければ、経営者は首を切られるし、どんな手段をつかっても、より多くの収益をあげて、とことん株主への配当に回し、株価を引き上げるのが、経営者・労働者のただひとつの仕事ということなのである。

このような考え方は、国家を顧客とする軍事産業、圧倒的な技術優位にある医療産業、「優秀」な人材と情報ネットワークが不可欠な金融業などを基幹産業とするアメリカで成り立つだけである。

したがって、このような株主資本主義の考え方を導入すると、日本やドイツのように、どちらかといえば製造業のウエイトが高い国では、いいモノをつくることが使命とされている製造業そのものが崩壊してしまう危険性がある。

日本やドイツでは、会社は法的にはあくまでも株主のものではあるが、株主だけのものではなく、経営者・労働者、サプライヤー、顧客、地域社会、地球環境などすべてのものであるという考え方が有力である。

製造業は顧客のニーズにあう、いいモノ、性能のいいモノ、安いモノを生産し、マーケットに投入する。モノづくりには、けっして手を抜かない、不正は絶対におこなわない。可能なかぎり質の高いモノ、高い安全基準に合致するものをつくる。

これが製造業なのである。ただし、日本の製造業でも、とくに最近では、検査の手抜きとか、不正が横行しているのは憂うべきことなのだが。

製造業はいいモノを売って、徹底的な金儲けをおこなうものの、儲けた利益を株主には、必要最低限しか配当してはならない。なぜか。

利益は、より売れる、いいモノをつくるための研究・開発費、高い技術の継承ができるように会社の存続のために内部留保を厚くする、いいモノをつくるために、製造現場で活躍する労働者の賃金・労働条件の引き上げなどに投入しなければならないからである。

そうしなければ、製造業中心の経済システムの維持は不可能なのである。

もちろん、アメリカの製造業が衰退したのは、戦後の冷戦下で、国家の総力を軍事技術開発に特化しなければならなかったからである。資本主義陣営擁護のために、製造業をすてざるをえなかった。

アメリカで株主資本主義の傾向が強まってきたのは、医療産業などほんの一部をのぞいて製造業の衰退が明確になるとともに、金融資本主義にむかうようになった一九七〇年代以降のことである。

皮肉なことではあるが、製造業の衰退によって、アメリカで株主資本主義が「有効」に機能するようになったといえるのかもしれない。

日本において、経済構造改革がみじめな失敗に終わったのは、経済・産業構造がまったく違っているのに、アメリカ経済の好調さは、株主資本主義によるものだとして、無理やり導入しようとしたからである。

製造業国家ドイツは、規制緩和・撤廃はすすめてきたものの、日本のような経済構造改革をおこなうことはなかった。

2 「アベノミクス」の欺瞞

（1）日本銀行の全面出動

円安への転換

日本は、資産バブル崩壊以降、二〇年以上にもわたって超円高・デフレ不況という平成大不況に苦しめられたが、二〇一二年秋ころになると、新興諸国などの追い上げもあって、輸出が減退して貿易赤字が増え、円安基調に転換しつつあった。

これも歴史の偶然であるが、だれが総理大臣になっても、超円高・デフレ不況のうち、少なくとも超円高が「底入れ」しつつあったので、円安に反転したはずである。ここに、日本における歴史的悲劇があったのかもしれない。

すなわち、反転の時期が、二〇一二年一二月の第二次安倍晋三政権の登場とほぼ一致していたので、国民は、安倍政権の手柄と勘違いをしたのである。

実体経済のファンダメンタルズ（基礎的条件）からして、円安転換への前提条件がととのっていた。すなわち、日本の貿易構造が赤字体質に転換しつつあったということなのである。

平成大不況期に企業が国際競争力の向上のために、国内に大規模な新規投資をおこなわなければ、日本企業の国際競争力が低下するのはとうぜんのことであり、輸出は減少する。もちろん、新規投資をしなかったわけではない。

その主要な要因は、輸出企業の多くが円高に対応し、為替差損を回避すべく、大挙して、外国マーケットに投資したことにある。この企業の海外進出が、日本の輸出の減少に拍車をかけることになった。

円高から円安への転換を促進したのが、日本銀行による大胆な金融緩和を中心とするいわゆる「アベノミクス」であった。

円安転換への前提条件がととのっているなかで、日銀がすさまじい金融緩和をおこなえば、通常は円安に転換する。一ドル＝七〇円台の円高からあっという間に一〇〇円、一二〇円までの円安に転換していった。

アメリカの沈黙と不況の克服

もちろん、円安ということはドル円関係ではドル高ということになるので、アメリカから円安誘導という批判が出るのは必定であった。ところが、安倍政権誕生後、しばらくは不思議なことにアメリカ側から円安誘導だという批判はほとんど出なかった。

それは、アメリカ政府による安倍政権にたいする配慮であったと考えられる。それまで、三年あまりにわたってつづいた民主党政権下で、アメリカとの関係は最悪の状態にあったからである。安倍政権が、国民の最大の要望である超円高・デフレ不況の克服により景気回復を実現してくれれば、内閣支持率は上昇する。そうするとアメリカは、安倍政権が、軍事的協力・支援を惜しまないはずだとふんだのであろう。

集団的自衛権の部分的行使を認めた「安保法制」の制定は、安倍政権によるお返しだったのかもしれない。日本が、アメリカと一緒に戦争ができるようになったからである。

長きにわたる平成大不況下の自民党の景気対策は公共投資一辺倒であったが、不況のさらなる悪化を回避しただけであって、天文学的な財政赤字が累積してしまった。

超円高・デフレ不況を克服するとした小泉経済構造改革というのも、マネーゲームと経済格差の拡大をもたらしただけで、みじめな失敗に終わったという教訓から、安倍政権は、日本銀行によるインフレ政策しかないとの結論に到達した。

安倍政権は、二〇一三年四月に日本銀行総裁に黒田東彦氏と、インフレを起こしてデフレを克服するといういわゆるリフレ派の副総裁・審議委員を送り込んだ。こうして日銀は、メチャクチャな金融緩和（みずからは異次元緩和とよんだ）を断行した。

すでに円安基調に転換していたこともあって、超円高から円安に転換し、膨大な為替差益が転がり込む輸出企業を中心に株価が暴騰していった。

日経平均株価は、七、〇〇〇円台から二万円台まで三倍以上にも跳ね上がり、株で儲けた投資家による高額消費が増加した。

雇用が好転したのも、歴史の偶然によるものである。団塊の世代が大量に定年をむかえ、雇用者が数百万単位で減少していた時期であった。だから、だれが総理大臣になっても、雇用（有効求人倍率）は改善したからである。

安倍氏が、自民党総裁選挙（二期までとの規定を安倍氏のために三期目も務められるように規定が変更された。一八年九月）で、三期目も当選したのはそのためである。ただし、対抗馬の石破茂氏が予想外に善戦した。

安倍政権の右傾化

日銀に景気浮揚のための「経済政策」を丸投げすることで、安倍政権は、円高・デフレ不況を

「見事」に克服した。失業率も低下し、雇用が拡大し、人手不足も深刻化していった。これも安倍政権の手柄だとされた。

ところが、この人手不足は、敗戦後、一九四七年から一九四九年までに生まれたいわゆる「団塊の世代」が何百万人も一挙に退職したあとだったからである。こうしたなかで、日銀のおかげだとしても、超円高・デフレ不況が終焉をむかえたら、人手不足になるのはとうぜんのことである。

第二次安倍政権が誕生したころというのは、世界経済も高揚期をむかえるとともに、超円高から円安に転換する時期であった。これは、ちょうどヒトラーが世界大恐慌の底入れした時期に政権を掌握したのと酷似している。

安倍氏の悲願は、アメリカによる押し付け憲法だという「日本国憲法」を改正（正確には改悪）し、日本が、「平和」のためにとしょうしてアメリカとともに世界中で戦争ができる国にするというものである。

安倍氏は、これを「積極的平和主義」だという。そのことによって、日本は、はじめて世界中から尊敬され、敬意を表される国になれるという。

二〇一二年一二月に政権に復帰すると、安倍政権の右傾化がますます目立ってきた。第一安倍政権（二〇〇六年九月二六日～〇七年八月二七日）のときに、すでに「教育基本法」を改正（改悪）し、教育の国家統制を強めていた。

二〇一二年末の総選挙と翌一三年七月の参議院選挙で自民党が圧勝していらい、安倍氏は、国政選挙五連勝という「快挙」をなしとげた。安倍一強といわれるなかで、国民の政権批判を極端にきらい、テレビなどのマスコミによる政権批判すら封じたといわれる。

ジャーナリズムというのは、国家に、国民の生命・健康・安全・財産を守るとの契約をはたさせるために、自由・平等・近代民主主義の徹底と多様性を尊重する政治をおこなわせるよう、ときの政権を監視し、批判するのが使命である。

日本のジャーナリズムは、その使命を放棄しているとしか思えない。情けないかぎりである。トランプ氏に立ち向かうアメリカのジャーナリズムを見習うべきである。

安倍政権は、二〇一三年一二月には、国民に行政の内実を知らせない「特定秘密保護法」の強行採決・成立、武器輸出の全面解禁の断行、一五年五月には、現行「憲法」下でも集団的自衛権の一部行使ができるという「安保法案」を国会に提出し、九月に強行採決・成立させた。

二〇一七年六月には、ついに現代版の「治安維持法」ともいわれる「共謀罪法」を強行採決・成立させた。

第二次安倍政権が成立して、もっぱら日銀のおかげで超円高・デフレ不況が克服されると、安倍政権のおかげだということになって、高い内閣支持率を維持した。

好調な経済が高い内閣支持率をささえ、あげくのはてに日本を戦争への道に突き進めさせているように思えてならない。とくに、在日韓国人・朝鮮人などにたいするヘイトスピーチがはげしくなっていることは、憂うべきことである。

もちろん、好調な経済というのは、日銀の常識はずれの異次元緩和によって実現したものであって、その副作用には、すさまじいものがある。いずれ爆発することを覚悟しなければならない。

(2) 二〇一七年の総選挙

みごとな解散
安倍首相は、二〇一七年九月二八日、突如として衆議院を解散し、一〇月二二日に投開票がおこなわれた。首相が突然解散を表明すると、小池百合子東京都知事が希望の党を立ち上げた。
そのままではとうてい選挙で勝てないとふんだ野党第一党の民進党は分裂し、中道右派は希望の党に合流し、中道左派(なぜかリベラルといわれる)は新たに立憲民主党を設立した。
このときの衆議院選挙は、自民党・公明党、希望の党・維新の会、立憲民主党・共産党・社民党の三極にわかれて戦われた。

投開票の結果、自民党二八四議席、公明党二九議席（議席減）で与党が衆議院において三分の二以上の議席を獲得し、圧勝した。希望の党は五〇に議席を〝減らした〟が、立憲民主党は五五議席の〝大幅増〟を実現し、野党第一党の地位を確保した。

この総選挙での自民党の圧勝は、難民がほとんどいないという欧米と異なる要因、および若い世代の多くが生活に「満足」し、自民党を支持するという奇妙な現象によるものであった。

日本銀行の異次元緩和でとりあえず「好況」を実現できたとの政権の宣伝にまどわされたのか、若者に多い非正規雇用者は、「搾取・収奪される」労働者としての自覚がないということだったのかもしれない。

したがって、人気があると誤解した小池氏が、にわか仕立てで希望の党などを立ち上げたところで勝てるはずもなかった。意にそわない民進党議員を「排除」するとか、すべてを受け入れる気は「サラサラ」ないなどの不用意な発言で負けたのではない。

もちろん、民進党左派を排除するのは、党員が結束して政策を実行する政党としては正しい選択である。だが、正しいがゆえに、間違いだったのである。

そもそも、知る限りで世界には、保守と保守の二大政党など存在しない。いままで、主要国では、あくまでも、大資本・富裕層と労働者・庶民のどちらかの利害を代表する政党しかなかったからである。

戦後の長きにわたり、自民党の単独政権がつづいたのは、日本に「労働者階級」がおらず「一億総中流」社会だったからである。

そうであったとすれば、自民党には、保守「右派」と保守「左派」が混在していたので、自民党内で「政権交代」がおこなわれるだけで十分であった。もし、金権政治を批判されたら、クリーンなイメージをもった人物が政権を担当することで、内閣支持率は上昇した。

国民の批判票は、旧社会党（現社民党）に集まったものの、政権奪取などできるはずもなかった。国民の「ガス抜き」の役割をはたしたにすぎなかった。

ところが、非正規雇用者が労働者の四割、二、〇〇〇万人にも達し、格差（経済「不平等」）が急速に拡大している現在、日本でもようやく保守・中道右派のほかに、中道左派の二大政党が必要となってきた。

日本は、いまのところ、難民をほとんど受け入れていないので、難民排斥を主張する極右勢力の台頭はない。

そもそも、旧民主党や分裂前の民進党に、中道右派と中道左派などが混在していたところに無理があった。

小池氏が中道左派を排除したのは、きわめてまっとうな判断であるものの、自民党が圧勝し、「選挙互助会」にすぎない希望の党が惨敗したのは歴史的必然であった。

安倍政権の敵失による勝利

もしも、二〇一七年一〇月の総選挙で、国民が小池氏に期待したことがあるとすれば、それは、自民党を過半数割れに追い込み、安倍首相を退陣させることであった。それだけが唯一のミッションだったのである。

現職都知事なのに、アドバルーンをあげるだけで、実績が皆無の小池氏に政権を奪取してもらおうなど、国民はみじんも期待していなかったのである。それほどまで、日本国民は愚かではない。都知事としての業績がないばかりか、決断をできない小池氏は、「総理大臣の器にあらず」。それを国民は見抜いていたのである。

国民には、もう一人の「総理大臣の器にあらず」という人物がみえていた。安倍氏その人である。だから、希望の党が民進党議員をすべて受け入れ、自民党との一騎打ちを全国で展開していれば、自民党の過半数割れの可能性が高かった。

このときの総選挙の争点というのは、「独裁者」安倍打倒の一点突破で十分だったからである。

すなわち、国民は、森友問題（教育理念に共感する人物への国有地の格安払い下げ疑惑）、加計問題（腹心の友が経営する学校法人だけに、獣医学部の新設を認可させたのではという疑惑）など、権力を私物化する安倍氏の退陣を小池氏に託したかったのであろう。

保守・中道右派を標榜する小池氏は、その国民の願いを「見事」に裏切った。時間がなかったにしても、政策もお粗末きわまりなかった。政治家にとっては、「常在戦場」のはずである。まさに「総理大臣の器にあらず」ということなのであろう。

このようにみてくると、難民流入のほんどない、というより「拒否政策」を実行する日本では、極右政党が台頭するなどの政治的激変はなく、せいぜい安倍政権下で自民党が保守から右傾化しているくらいのものであるということがわかる。

アメリカの共和党のように、自民党は、右翼（アメリカは極右）的主張を取り入れることで国民の支持を拡大することができたのである。

この総選挙のときには、「安倍一強」のもとにあったせいなのか、政治・権力を「私物化」したとしても、森友・加計（モリカケ）問題にたいしては、「私（安倍氏）は一切関与していない」ですんでしまった。

「人の噂も七十五日」というが、日本人というのは、政治家にとっては、じつにありがたい国民である。モリカケ問題で、三〇%台にまで内閣支持率が下がっていたにもかかわらず、直後の総選挙でも圧勝した。

国論を二分する多くの法律を強行採決しても、安倍首相が権力を私物化したという疑惑をかけられ、いっとき内閣支持率が下がるものの、すぐに盛り返し、解散・総選挙をおこなったら自民党が圧勝する。なんとも、不思議な国である。

こうした政治状況のなかで、立憲民主党が中道左派として自民党に対峙できれば、戦後はじめて本格的な二大政党制が登場する可能性が高い（もちろん、枝野代表はそう考えていないようであるが）。

もしも、そのはじまりになったとすれば、そこに、このときの総選挙の歴史的意義があったといえるかもしれない。

3　権力の私物化と高支持率

(1)　権力は腐敗する

森友・加計問題

総選挙で圧勝したことで、二〇一八年には、安倍政権の権力基盤はますます盤石になり、自民党総裁選挙で三期目は圧勝、と日本国民のほとんどが感じたはずである。日本国内に、アベ批判への厭世気分もみられるようになっていた。

二〇一八年の通常国会で「憲法」改正を発議し、同年九月には自民党総裁三選をはたし、国民投票により「憲法」改正を実現する。

二〇一九年には、天皇陛下の退位・新天皇陛下の即位、一〇月の消費税率引き上げの三度目の延期により人気を高め、二〇年に東京オリンピックを成功させる。

その間に、「憲法」を改正（正確には改悪）して首相在任期間で日本史のうえで最長の総理大臣として歴史にその名がのこるはずであった。

ところが、である。政治の「一寸先は闇」とは、よくいったものである。

二〇一八年三月二日に「朝日新聞」が「森友文書書き換えの疑い」を報道すると、事態が一変したからである。

森友学園をめぐる財務省の決裁文書の改ざんが問題になると、なぜか、前年の国会答弁で矢面に立った当時の理財局長である佐川前国税庁長官が三月九日に辞任表明をした。財務省が改ざんを公表したのは、三日後の一二日のことであった。

連日、担当大臣である麻生財務大臣は、国会内外で追及されたが、財務省理財局が勝手にやったとして、みずからの責任をけっして認めることはなかった。

安倍首相にいたっては、「しっかりと調査するように」と、まるでひとごとのようであった。火元は安倍氏その人なのに。

この森友・加計問題をみていると「権力は腐敗する」とは、つくづくほんとうのことだと思う。なんで、こうなったのか。

官僚諸君の忖度

安倍首相が、二〇一二年九月に自民党総裁に復帰してから、はや六年を超えた。総選挙で三連勝、参議院選挙で二連勝と国政選挙で五連勝をはたした。国民の支持率も高く、安倍政権の基盤は盤石のはずであった。

だが、安倍首相の行動は、「憲法」第十五条「すべての公務員は、全体の奉仕者であって、一部の奉仕者ではない」という規定に明確に違反している。

すなわち、森友学園の小学校設立に際して、不当に安い価格での国有地の払い下げに間接的に関与したといわれている。首相夫人が一時的にではあるが、名誉校長を務めていたからである。

ほんらいであれば、一民間学校の名誉校長などけっして就任してはいけないはずである。首相関連案件であれば、それを「忖度」するのは官僚としてはあたりまえのことだからである。

首相官邸の内閣人事局に官僚人事が握られているのであれば、出世しないといいところに天下りできない官僚は、官邸の顔色をうかがう。そのことを明確に記したのが、この一件にかんする決裁文書の改ざん問題である。

決裁文書の原本には、如実に「忖度」がしめされている。官僚が責任を問われないようにと、政治の関与など明確にしるしていたからである。だから、財務省は書き換えをおこなわざるをえなかったのであろう。

二〇一七年の春に追及されたときには、改ざんされた内容でしか国会で答弁されなかった。というよりも、佐川前理財局長は、払い下げでは価格交渉がなされなかったし、資料は廃棄したし、政治家の関与は一切なかったと強弁しつづけた。

たしかに、断言した答弁が多かった。これにあわせて改ざんしたのであろう。

安倍首相は、直接的ではないかもしれないが、主義主張をおなじくする人物とか親友に間接的ではあるが、便宜をはかったことは事実であろう。森友学園の財務省、加計学園の内閣府・文部科学省が、安倍首相の意向にそって「忖度」したことは間違いないことであろう。

首相は立法府の長？

権力者は、「憲法」第十五条にもとづき、けっして権力の私物化をおこなってはならない。ところが、安倍首相は、国政選挙での連戦連勝・高支持率にあぐらをかいて、なんでもできる独裁者になったのだと誤解しているのかもしれない。

報道にも介入し、テレビなどにも圧力をかけて、安倍政権を批判する著名なコメンテーターを出演させないようなこともしたようである。

日本銀行に圧力をかけて、メチャクチャな異次元緩和をおこなわせて、国債市場を機能不全におちいらせたり、円安誘導をして輸出企業に儲けさせたり、日銀や、年金積立資金を投入して株式を買わせ、株価を引き上げたり、これらは、経済に甚大な弊害をもたらしている。

だがしかし、官庁の決裁文書の改ざんや報道規制などは、近代市民社会の自由・平等・民主主義の大原則に真っ向から反するものである。もちろん、決裁文書の改ざん問題などが連日報道されると安倍政権の支持率は三〇%台に低下した。

いつぞや、安倍首相は、国会で「私は立法府の長であります」とのべたことがある。本音なのか、間違いなのかは定かではない。もちろんのことながらこの発言は議事録からは削除された。

この安倍発言に、日本の議会制民主主義の弱点がみごとに言い表されている。

すなわち、衆議院で過半数をしめる政党の代表（自民党であれば総裁）が総理大臣に指名されるからである。首相と党の代表は同一人物である。これでは、三権分立による権力の濫用を十分に防止することはできないであろう。

二〇一七年五月に安倍氏は、自民党総裁として、「憲法」第九条の一項・二項をのこし、三項を付け加えて、ここに自衛隊を明記するという提案をおこなった。「憲法」改正の発議は国会がおこなうことになっているので、政党の代表として提起したというのである。

もちろん、「安保法制」で部分的集団的自衛権行使を認められたはずの自衛隊を「憲法」に明記するというのは、二項が集団的自衛権の行使を認めていないという従来の政府見解とあきらかに矛盾する。

安倍氏は、なんとしても「憲法」を変えた総理大臣として歴史にその名をのこしたいだけだ、という批判が出てくるのもとうぜんのことであろう。

こうした安倍総理大臣にたいして、二〇一八年七月三一日、ほんとうの立法府の長たる大島理森衆議院議長が、総理に注文を付けるという異例の所感を公表した。「今国会を振り返っての所感」というのがそれである。

すなわち、森友問題をめぐる財務省の決裁文書の改ざんや自衛隊の日報隠蔽などは、民主主義の根幹をゆるがす問題である、立法府の判断を誤らせるおそれがある、と。

このように、国権の最高機関たる立法府の長が、行政府の長である安倍首相にたいして反省と改善をもとめたのである。かろうじて、日本でも、近代民主主義の精神がのこっているのかもしれない。

(2) 高支持率の維持と自民党総裁三選

高支持率の維持

いいことかどうかは議論がわかれるところであるが、日本は、あまり難民を受け入れていない。したがって、ヨーロッパのように、極右政党やポピュリズム政党が台頭することはないし、イタリアのように政権を奪取するということもないだろう。

戦後の高度経済成長の過程で「一億総中流」社会が実現したので、欧米のように、大企業寄りの政党、労働者寄りの政党という二大政党制が根づくことはなかった。

大企業の社長や経営者も、そのほとんどがサラリーマン上がりであって、「労働者階級」が存在しなかったからである。

経済格差も縮小し、大企業の社長でも年収はせいぜい五、〇〇〇万円程度で、かつての労働者の平均年収六〇〇万円程度の十倍にも満たなかった。これでは、経営に心血をそそぐ社長がかわいそうなくらいである。

「中流階級」、すなわちすべての国民の政党として自由民主党があり、この政党は、内部に保守右派と保守左派をかかえていた。この右派と左派の「政権交代」によって国民の不満をそらすことができた。

高度経済成長が終わり、未曾有の資産バブルが崩壊して平成大不況に突入すると、大企業に収益を確保させるために、政府・日銀が全面出動した。

同時に、企業の労働コストを引き下げるために、派遣労働・パート・アルバイトという非正規雇用者を大幅に採用することを可能にさせた。労働法制により、正規雇用者をかんたんには解雇できないからである。

いまでは、非正規雇用者は労働者の約四割、二、〇〇〇万人あまりに達している。したがって、ここで、戦後はじめて日本に労働者階級が登場したということになるのかもしれない。

だから、国家は、どんな手段をつかってでも好景気を演出しなければならなかった。日銀にすさまじい圧力をかけて実施してきた「アベノミクス」がそれである。

さらに安倍政権は、在日韓国人や在日朝鮮人などへのヘイトスピーチにたいして有効な規制措置をとらないばかりか、自民党国会議員による性的マイノリティへの攻撃すら事実上黙認している。

一九世紀ドイツ・プロイセンのビスマルク並みの強い首相を演出するためなのか、外国をしょっちゅうまわって援助金をばらまき、北朝鮮への強力な圧力を主張し、アメリカにトランプ政権が誕生すると、ごますり朝貢外交を展開し、大統領に信頼される首相を演出してきた。

安倍首相というのは、消費税率引き上げ延期を国政選挙で訴えて圧勝するというポピュリストにほかならず、右傾化するかたちで高い内閣支持率を維持してきた。

日本を戦争のできる国にするために、「憲法」第九条を改正（正確には改悪）することが悲願である。

そのために、政権に復帰して以降、国民の知る権利を阻害する「特定機密保護法」、「憲法」で禁止されている集団的自衛権の部分的行使を認める「安保法制」、国民の行動を監視する現代版「治安維持法」である「共謀罪法」などを強行採決した。

この三法は、国論を二分する法律であり、それをたとえば一〇〇時間も議論したからと強行採決した。まさに、近代民主主義を根底から否定するような行動である。

それでも、超円高・デフレ不況を「見事」に克服し、失業率を低下させ、「国民にパンをくれる」安倍政権の内閣支持率は依然として高い。
ここに、日本という不思議な国の不思議たるゆえんがある。ほとんどの日本国民は、いずれ日本経済が奈落の底に突き落とされることなど、夢にも思っていないことだろう。安倍一強のツケというのは、きわめて深刻かつ大きなものなのである。

平成末期の官尊民卑！

二〇一八年八月に中央省庁が、なんと、障がい者雇用者数を水増ししていたという事実が発覚した。厚生労働省は二八日、省庁の八割にあたる二七の行政機関で計三、四六〇人分を水増ししていたと発表した。多くの、地方自治でも水増しが発覚した。

国や地方自治体、民間企業は一九七六年から、一定割合の障がい者を雇用することが義務づけられた。

民間企業の法定雇用率は、それまでの二・〇％から二〇一八年四月に二・二％に、二一年までに二・三％に引き上げられる。国などは二〇一七年六月で二・三％である。

「さすがに」民間企業などを指導・監督する国家である、障がい者の就労機会を広げ、自立を支援する先頭に立っているとの称賛されていたはずである。国家は、自由・平等および近代民主主義と多様性の容認・尊重という大原則を堅持していると。

しかも、二〇一七年の雇用率の実績は、国が二・四九％と超過達成しているのに、民間企業は、一・九七％と法定雇用率を達成できなかった。

障がい者の雇用にかんしてだけは、日本国民はすべて法のもとに平等であって、「健康で文化的な最低限度」の生活を営むことができるという「日本国憲法」を、日本国家は誠実に遵守しているいると絶賛されていたはずである。

ところが、である。なんのことはない。水増しの結果だったとは。

企業には、外部機関によるチェック体制があり、法定雇用率を達成できなければ、納付金という罰金がかせられている。一人当たりなんと月に五万円也。

ところが、中央官庁は、障がい者手帳の確認などをおこなわずに、職員の自己申告などで判断したりしていた。国が発表した二〇一七年の二・四九％というのは、水増しした数字であって、実際の雇用率はなんと一・一九％にすぎなかった。

民間企業よりはるかに低い数字である。国は、国民に給与の返上などによって罰金を支払うべきである。民間企業からは未達成だとして罰金をとるのに、国家だと、どうして知らぬ存ぜぬでとおってしまうのであろうか。

前世紀前半までの日本の官尊民卑が、いまだに大手をふってまかりとおっていることに、日本国民は驚愕させられた。もちろん、叙勲では、いまだに官のほうが上で、多いのではあるが。国家は悪いことはしないという、性善説がまかりとおっているということなのであろうか。だが、実際に不正をおこなっているではないか。

ほんらいであれば、モリカケ疑惑、公文書改ざん問題や自衛隊の日報問題、障がい者雇用の水増し問題などは、ときの内閣がぶっ飛ぶような重大事である。

だが、安倍首相といえば、しっかりとした調査を指示した、と「われ関せず」のふうであった。それでも、自民党総裁連続三選、日本国総理大臣通算在任期間史上最長一〇年にならんとは。

これでは、日本は、とうてい近代市民社会などとはいえない。

モリカケ問題の終焉と自民党総裁選

二〇一八年六月に通常国会で森友・加計問題が、野党からきびしく追及され、権力の私物化と権力の腐敗が白日のもとにさらされた。

国政選挙で連戦連勝する総理大臣に逆らう自民党の国会議員はいない。しかも、小選挙区制のもとでは、自民党公認をあたえるのは、自民党総裁である。首相を批判しようものなら、次期選挙で公認されず、ただの「おやじ・おばさん」になってしまう。

だから、だれも首相を批判しなくなる。かつては、自民党のなかに、保守・中道右派と保守・中道左派が混在していた。だから、党内ですさまじい議論が展開されてきた。大立ち回りをする議員すらいた。

国政選挙に強い首相に楯突く議員は消えた。

森友・加計問題が国会で連日追及されても、大臣・議員・官僚は、結束して、安倍独裁政権を守りぬいた。国家公務員上級試験に合格したキャリア官僚によるウソの答弁、公文書の改ざんなどが横行した。良識あるノンキャリアの若手国家公務員は、良心の呵責に耐えかねて命を絶った。

もちろん、内閣支持率が急降下した。ところが、首相・大臣・官僚などは、責任を回避するおなじ答弁を何度も繰り返した。

首相にいたっては、疑惑をしっかりと調査させる、の一辺倒であった。

検察にいたっては、公文書改ざんは、犯罪にあらずと不起訴にするしまつである。これから、公文書の改ざんがひんぱんにおこなわれ、国民の知る権利が侵害されることは明白である。これは、あきらかに「憲法」違反にほかならない。

もし、森友・加計問題が「国家犯罪」であるとすれば、事実・真実がすべてあかるみに出ることはない。

資料やデータをもっているのが、官庁なので、国会が国政調査権を発動しないかぎり、国民の前に真実が出てくることはない。いまのところ、国会の大多数の議席を握っているのが、自民党だからである。

自民党が一丸となって、安倍政権を守った。見事というしかない。

だから、二〇一八年の通常国会も末期になると、新事実をみつけきれない野党は、追及の決め手をかいていった。そうなると、自民党は、これさいわいとばかりに、モリカケにこだわって、防衛や国内の重要案件の審議がすすんでいないというプロパガンダをおこなった。

こうして、通常国会が幕を閉じると、モリカケってなあに、とばかりに忘れ去られていった。なんとまあ、心やさしい日本国民か。

三〇%台まで低下した内閣支持率も下げ止まり、上昇傾向をしめした。ここに、森友・加計問題が事実上終了し、二〇一八年九月二〇日には、安倍氏が自民党総裁選で勝利し、三選をはたした。もちろん、党員からかなりの安倍批判票が出たが。

第六章　金持ちも貧しい人もいない社会へ

1　定常状態と定常型社会

（1）J・S・ミルの定常状態

工業は自然条件に制約される農業と違って、技術革新によって生産性が向上するので、収穫逓減の原理が働かない。

だが、工業生産物価格が低下すると、生活条件が向上して賃金が上昇するとともに、食料需要が増加することで土地需要も増えて、地代が上昇していく。

そうすると資本家は、労働者や地主に支払う費用が増えて、利潤が低下していき、ついには、工業でも停止状態にいたる（小田中直樹『ライブ・経済学の歴史』勁草書房、二〇〇三年）。

J・S・ミルは、『経済学原理（四）第四篇』（末永茂喜訳、岩波文庫、昭和三六年、七八頁）、において、資本主義経済は、いずれ農業と工業において成長がとまる停止状態（定常状態―stationary state）にいたると主張する。その考え方をみてみよう。

経済の成長による「人口の増加は、農業生産物に対する需要の増加を意味する」ので、国内農業の技術進歩と外国からの農産物輸入がなされず、人口が一日一、〇〇〇人の割合で増加すれば、すべての未墾地が耕作されることになり、食料の生産費と価格は著しく騰貴する。

その結果、もし労働者がその増大した経費を償うのに必要なだけの増大した貨幣賃金を受け取るとすれば、利潤はたちまちのうちに最低限の水準まで低下するであろう。労働者は、生活水準の低下にたえられる余裕がないので、その後の資本の増加は、さしあたり一切停止してしまうであろう。

かくして、ある国がその知識の現状をもって、その国の実際上の蓄積欲の平均的な強さに照応するだけの生産をおこない、収穫量をあげているばあい、その国は、定常状態にあるというのである（同『経済学原理（一）第一篇』、昭和三四年、三二一頁）。

（2）肯定的な評価

J・S・ミルは第四篇で、定常状態を悲観的に考えず、積極的に評価している。ミルによれば、定常状態というのは、資本、富、人口が増大傾向をみせず、同一のレベルを維持する状態のことである。

これはいわゆる停滞状態ではなく、「だれも貧しいものがおらず、そのため何びともももっと富裕になりたいと思わず、また他のひとたちの抜け駆けしようとする」（同書、一〇五―一〇六頁）人もいない状態である。

ミルはリカードのように、自由貿易によって、食料価格の低下をはかれば、停止状態におちいらないですむとは考えなかった。むしろ、停止状態こそが好ましいものなのだ、とまで評価する。というのは、生産の法則はなかなか変更できないが、分配を変えることによって、人間の進歩が可能となるからである。

この停止状態は、たんなる資本蓄積や工業・農業生産の停止ではない。むしろ、なんと、人間の進歩の萌芽を内包しているというものなので、定常状態とよばれる。

定常状態において経済的に必要とされるのは、よき分配とよりいっそう厳格な人口の制限である。ただし、これは、現在では、工業国にあてはまるものであって、途上国のばあいには厳格な人口の制限とともに、地球環境に配慮したうえで、経済の成長が引き続き重要である。定常状態というのは、けっして経済の停滞ということだけではなく、あらゆる種類の精神的文化や道徳的社会的進歩、技術進歩が促進されることをいう。このような状態にある社会をわれわれは定常型社会とよぶ。

資本主義は、その自立的な経済発展メカニズムによって、定常型社会にいまだ到達していない。人類は、たゆまない科学・技術開発と経済成長をつづけた結果、地球人口はもうすぐ一〇〇億人に達する。

いずれ到達するのは、人類が生存できないほど悪化した地球環境、天変地異、枯渇した資源と食料危機、肉体的だけでなく精神的にも健康を害した人間、テロと対テロ戦争、保護主義と一国主義などという憎悪の連鎖、すなわち悲惨な社会であろう。

これは定常型社会などではなく、人類「自壊」の構造にほかならない。

したがって、ミルは、後世の人たちのために、必要に強いられ定常状態にはいるはるか前に、みずから好んで定常状態にすすむことを切望している。

現状の日本も一刻もはやく定常型社会に移行すべきであろう。日本が、もっとも定常型社会に近づいていると考えられるからである。

（3）生産と分配

ミルは、『経済学原理（二）第二編』（岩波文庫、昭和三五年）において、生産と分配についての違いについて、つぎのようにのべている。

「富の生産に関する法則や条件は、物理的真理の性格をもち、そこには、人間の意のままに動かしうるものは何もない。人間が生産するものは、いずれも外物の構成と人間自身の肉体的・精神的な構造の内在的諸性質とによって定められた方法により、また、そのような条件のもとに生産されなければならない。生産量は、人間がもっている先行的蓄積の分量によって制限され、人間のエネルギー、技能、機械の完成度、協業の利益の利用方法の後列に比例する。」（一三頁）

「ところが、富の分配の場合にはそうではない。それは、もっぱら人為制度上の問題であり、ひとたびものが存在するようになったならば、人間は、個人的にも集団的にも、それを思うままに処分することができる。……富の分配は、社会の法律と慣習とによって定められるのである。」（一四－一五頁）

「分配の法則は、完全な平等という原則か、そうでなければ、その社会で支配的におこなわれている正義の観念または政策の観念に合致する何らかの方法により、人びとの必要または功績に応じて配分するという原則か、そのいずれかになるであろう。」（一八頁）

経済格差が拡大し、所得の「不平等」が顕在化すれば、累進課税を強化して、高額所得者から低所得者に再配分すればいい。

法人税、相続税・贈与税、金融資産課税などの増税をおこなって、賃上げ・労働条件の向上、社会福祉の充実、教育・医療費の無料化、ベーシックインカム（すべての国民への一定額のお金の給付）の導入などをおこなうべきであろう。

2 停止状態の諸段階

(1) 停止状態克服の第一弾

ミルの時代には、人口増加・賃金上昇による利潤の減少、ついにはゼロになり停止状態におちいることもあっただろう。

しかしながら、資本主義にいたると、農産物価格が上昇したら、農産物を外国にもとめることによって、賃金（生活費）の上昇を抑制することが可能となり、停止状態を克服することができた。重化学工業段階に到達すると科学・技術が発展したおかげで、農業技術も進歩し、農薬や化学肥料、食料添加物などが開発され、農業生産性がいちじるしく向上した。

これが、停止状態におちいらないですんだ第一段階である。

その後、資本主義は、イノベーションと国家の経済への介入によって、つい最近にいたるまで停止状態におちいることはなかった。

J・A・シュンペーターによると、繊維工業による産業革命が達成されるとしだいに超過利潤が減少していったので、鉄道や重化学工業という新たなイノベーションが招来された（塩野谷祐一他訳『経済発展の理論』（上）・（下）、岩波文庫、二〇〇三年）。

その後、ハイテク・IT革命などによって経済成長をつづけてきた。

自由競争資本主義は、重化学工業が支配的になると独占資本主義に移行した。

その後、一九二九年の世界恐慌を契機にして、自由競争を基本とする市場経済にほころびがみられるようになると、ケインズが登場し、国家の経済への介入が本格化した。

第二次世界大戦後、一九七〇年代にいたってハイテク・IT革命と国家の経済への介入によって経済成長を継続することができた。

ところが、資本主義は、一九七〇年代にはいるとインフレがすすむにもかかわらず、景気が低迷するスタグフレーションにみまわれた。

そうすると、ミルトン・フリードマンが自由競争資本主義への回帰（新自由主義）を主張した。それは、とくに英米において、規制緩和・撤廃、企業の民営化、大きな政府から小さな政府への移行、企業や富裕層への減税などとして断行された。

その結果、英米では経済が成長したので、国際通貨基金（ＩＭＦ）や世界銀行などをつうじて、新自由主義が世界中に押し付けられた。

いっぽう、一九九〇年代初頭に米ソ冷戦体制が崩壊すると、巨大資本は、世界中で利潤追求をおこなった。これが、現代グローバリゼーションとよばれる事態である。

こうして、巨大企業・金融資本は、利潤の減少どころか、膨大な利潤を獲得できるようになった。

（2）停止状態克服の第二弾

一九八〇年代にはいると、資産バブルが数度にわたり発生した。

最初に勃発したのは高度経済成長が終結し、経済成長が停止した日本であり、優良な貸出先をうしなった銀行が大量の不動産融資をおこなったことによるものであった。現代グローバリゼーションが進展する前の、一九八〇年代末のことである。

つぎに、一九九五年にアメリカで発生したのが、経済成長促進策としてとられたドル高政策をきっかけとする株式・ITバブルであった。

円や当時のドイツ・マルクが安くなったので、平成大不況にあえぐ日本やユーロ導入にむけて緊縮財政をおこなっていたヨーロッパから、大量の資金がアメリカの株式市場に投入された。これがアメリカにおける株式・ITバブルである。

日本は、超低金利政策をおこなっていたので、外国人投資家は、日本で低金利資金を大量に調達して、アメリカ市場に投資し、膨大な利ザヤを稼いだ。これが円キャリー・トレード（円借り取引）といわれるものである。

株式・ITバブルは、二〇〇〇年にはいると崩壊した。資本主義は、もはや資本の自律的な利潤追求によっては経済成長ができなくなってきているので、アメリカ政府は、株式・ITバブルからつぎのバブル、すなわち住宅・資産バブルを誘導する政策を実行した。

ヨーロッパは、といえば、アメリカの株式・ITバブルが終焉するころに、単一通貨ユーロが導入されたが、ユーロ導入によって資産（住宅・国債）バブルが発生した。

それは、ユーロ導入によって、南欧など、それまでの高インフレ国の金利が劇的に低下したことで、資金需要が旺盛になり、住宅建設に資金が投入されるとともに、国債の増発による資金調達が活発化したからである。

こうして、欧米において、ほぼ同時期に資産バブルが発生し、空前の好景気を謳歌した。資本主義は、ふたたび停止状態をみごとに克服したのである。

(3) 停止状態克服の第三弾

世界史をみるまでもなく、資産バブルが永遠につづくことはない。

二〇〇八年九月のリーマン・ブラザーズの経営破綻によって、欧米の資産バブルが最後的に崩壊し、一九二九年世界恐慌以来といわれる深刻な世界経済・金融危機にみまわれることになった。

ここで、世界は、一九八〇年代末に資産（不動産）バブルが崩壊して、長期にわたる平成大不況にみまわれた日本のような事態におそわれるはずであった。

ところが、アメリカやヨーロッパをはじめ世界各国は、資産バブル崩壊不況の到来を見越して、日本の資産バブル崩壊不況の政府・日銀の対応の失敗から多くのことを学んでいた。バブル崩壊不況が長期化した日本を、反面教師とすることができたのである。

日本の失敗は、大不況突入後、ひとつは、すみやかに公的資金を投入して金融機関・企業などの不良債権を処理すること、もうひとつは、中央銀行が迅速に大量の流動性資金を供給すること、三つ目には、必要があれば、迅速に金融機関などに大規模な公的資金の供給をおこなうこと、などが遅れたことによるものである。

この失敗の教訓は、欧米諸国にとってはきわめて貴重なものであった。日本の逆を実行すればいいからである。

欧米諸国は、世界経済・金融危機が勃発すると、ただちに公的資金（財政資金）だけでなく、大量の中央銀行マネーをマーケットに投入した。

アメリカ政府は、ただちに金融機関などへの財政資金の投入を実施した。

米中央銀行である連邦準備制度（FRB）は、リーマン・ショック直後に金融機関への大量の流動性資金の供給を宣言した。政策金利もほぼゼロに引き下げた。日本で最初におこなわれた量的緩和（QE）が、三次にわたり大規模におこなわれた。

そのため、世界経済・金融危機は、現象的には、リーマン・ショック後、二〇〇九年春には終結したかにみえた。

日米欧の中央銀行が超低金利政策や量的緩和政策を実施し、日欧の中央銀行は、マイナス金利政策にまで踏み込み、世界経済は、「成長」をつづけることが可能となった。

3　定常型社会に接近する日本

（1）アメリカの自国中心主義

自国中心主義

このように、アメリカは、停止状態を回避するために、競争原理を徹底的に機能させる新自由主義を世界に押し付けることで、大資本・金融資本が膨大な利潤を獲得するとともに、資産バブルが発生すると、富裕層もふくめてとてつもない規模の金融収益を獲得できるようになった。富裕層・大資本・金融資本が大量の利潤を獲得し、停止状態を克服することができたとしても、その固有の矛盾である経済・所得格差などの経済的「不平等」がますますはげしくなっていった。

ほんらいであれば、資本家と労働者・庶民、持てる者と持たざる者の軋轢がはげしくなって、富裕層・大企業・金融資本を擁護する政党が選挙で負け、労働者・庶民の側に立つ政党が政権を握るはずである。

富裕層・大企業・金融資本というのは、膨大な資本や金融資産を保有しているとしても、少数派だからである。

労働者・庶民の側に立つ政党が政権を握るとなると、大企業増税や資産課税を強化し、労働者・庶民のための福祉充実、労働者や庶民のための政策、さらに環境保護政策などを実行する。とうぜんのことながら、企業の利潤は激減する。これがはげしくなると企業利潤がゼロとなり、停止状態におちいるであろう。

資本主義は、戦後、三次にわたり停止状態を克服してきたものの、ついに本格的な停止状態におちいることになった。それは、ＩＴ・ハイテク・イノベーションの終焉によるものであって、それまでとは質の異なる停止状態である。

したがって、資本主義は、第四次の、しかも、それまでとは質の異なる停止状態克服策を模索しなければならなくなった。もちろん、資本主義が意思をもっているわけではないので、それは、いわば、政治的な神の「見えざる手」ともいうべきものなのかもしれない。

政治的「見えざる手」が典型的に働いているのが、経済・賃金格差が絶望的に拡大してきたアメリカにおいてであると考えられる。だから、二〇一七年一月にアメリカにトランプ政権が誕生したのであろう。

トランプ氏は、不動産業で大金持ちになったアメリカン・ドリームを地でいく人物であり、ほんらいであれば、大統領はともかく、政治家をめざしたとしても、白人の中・低所得者層に支持されることなどあるはずもない。

ところが、「見事」に支持された。二大政党の一角・共和党の党員であるはずのトランプ氏が、難民排斥・アメリカ第一主義という極右の主張を丸呑みしたからである。

こうして、トランプ氏は、自国民とりわけ白人の低・中所得者層の側に立っていると誤解させることに成功して、当選したのであろう。

だから、世界経済がどうなっても、結果的に、アメリカ経済が苦境におちいろうとも、いったことをあくまで実行しなければならない運命にある。ここに、まさに世界史の悲劇がある。

トランプ氏の戦術は、大陸国家の枠組みのなかで、他人種・他民族・他宗教という「敵」をつくるというものであった。この「敵」から自国民を守ると主張することで、中・低所得者にかぎらず多くの白人の支持を獲得することができた。

長い定常型社会への道

トランプ政権は、それが可能かどうかにおかまいなしに、メキシコなど国外に出ていった企業が、アメリカにもどることを強制し、白人の雇用を確保しようとしている。

日本・中国・EUは、アメリカにたいして輸出超過となっているので、貿易不均衡を是正するために、アメリカは輸入品に関税をかけると息巻き、実際に関税をかけている。

このような自国中心主義がうまくいくはずもないが、とりあえず、アメリカ企業の収益性を高めようとしている。というよりも、公約を忠実に実行しようとしている。

さらに、既存の小売業などから仕事を奪っているだけであるが、アマゾンやグーグルなどがすさまじい高収益をあげて、アメリカ経済を牽引しているので、当分は、定常型社会に移行することはないであろう。

アメリカが、もし、定常型社会に移行できるとすれば、トランプ政権の自国優先主義の結果、アメリカ経済が深刻な景気後退にみまわれる、すなわち企業の収益がゼロとなってしまってからである。

だが、金儲け亡者がウヨウヨしているアメリカで、他人を押し退けてまで金持ちになりたいという人がいなくなるという定常型社会などに、そうかんたんには、到達できないであろう。

努力したら報われる社会なのに、どうして、努力もしない人間に分配を変えて、賃上げ・労働条件の向上をはかり、福祉などを充実しなければならないのか、という不満がアメリカ中を吹き荒れることであろう。

だが、IT・ハイテク革命も終焉をむかえている現在、小さな政府と新自由主義で景気が高揚していく時代は終了している。さらに、借金しても消費をするので、経済が成長するのであるが、そのような経済が長続きするということもない。

アメリカといえども、いずれ資本主義の一段階としての定常型社会に移行するのは、歴史的必然である。

（2）定常型社会に近づいてきた日本

戦後の日本経済

日本は、戦前は、軍需産業を中心とする経済システムしか選択することができなかったので、一部の財閥に富が集中し、圧倒的多数の労働者・都市雑業層・農民などは、貧困の極致におかれた。

その帰結は、侵略戦争であり、アメリカなどとの戦争であり、国家の崩壊であった。

企業収益は、きわめて少なかったのであるが、とても定常状態などといえるものではなかった。

企業収益がないとすれば、むしろ停止状態だったかもしれない。

ところが、第二次世界大戦が終結すると、米ソ冷戦体制に移行したおかげで、アメリカは、日本を中ソ「社会主義」の防波堤にすべく、大戦中に極限まで発展した科学技術の成果である最新鋭の重化学工業を日本に移植・創出した。

戦前の使い物にならない工業設備（クズ物件とよばれた）を放棄（放置）し、最新鋭の重化学工業の設備投資が大規模に実施された。こうして、空前の高度経済成長が遂行されたのである。

おかげで、戦後、経済・賃金格差が極端に縮小した。

それは、財閥解体が断行され、また戦争に協力した経営陣も追放されたので、サラリーマン出身の若き経営者が経営にたずさわったこと、農地解放によって、戦前の小作人が零細地主になったこと、などによるものであった。

アメリカのおかげで、「資本家」が消滅したのである。同時に「労働者階級」も消えた。

「資本家」の消滅を大前提に、終身雇用制・年功序列賃金・企業別組合という、アメリカの新自由主義とは真逆の日本的経営が可能となったのも、高度経済成長のおかげであり、企業経営者の報酬も、アメリカのごとき法外なものではなくなった。

この歴史上まれにみる、さしもの高度経済成長も一九七〇年代初頭に終焉したが、その後は、海外への集中豪雨的輸出と地方などへの公共投資によって、なんとか安定成長を実現することができた。

一九八〇年代にはいると、今度は、資産（不動産）バブルが発生して、空前の好景気が到来した。

あくまでもゆがめられたかたちであるが、これが、明治以来、最初で最後の「内需拡大型経済成長」であったといえるのかもしれない。この資産バブルも一九九〇年代初頭に崩壊し、二〇一二年ころまで平成大不況という長期不況にみまわれた。

平成大不況

第一次平成大不況は、資産バブルに踊った銀行の不良債権と企業の過剰設備・過剰債務・過剰雇用を処理することができた二〇〇五年あたりに、とりあえず終了したと考えられる。

第二次平成大不況は、衰退産業の退出・成長産業の育成を前提に、経済システムの環境保全型への変革をおこないつつ、健全財政を実現して、成長政策の追求を止めて、賃上げ・労働条件の向上、福祉の充実、教育・医療費の無償化などを断行することで最終的に終息すると考えられる。

安倍政権下での日銀による異次元緩和でデフレでない状態となったので、第二次平成大不況は克服できたということになるのかもしれない。だが、この状態は、デフレではないものの、大不況を日銀が下支え・隠蔽しているだけのことであろう。

したがって、第二次平成大不況を最終的に克服するには、北欧型福祉国家を前提として、経済格差を是正し、ベーシックインカムを導入した定常型社会を実現することが不可欠である。

とりわけ、日本における定常型社会の根幹をなすのは、すべての国民に無条件に一定額の資金を給付するベーシックインカムの導入であると考えられる。

一九九〇年代初頭に平成大不況に突入してから、日本の経済成長率はきわめて低い。成長がほぼ停止しているとみていいであろう。

アメリカのように経済成長を牽引する新産業はないし、ドイツのように広大なEUマーケットのようなものも存在しないからである。生産・生活様式を根本的に変革するようなイノベーションも起こりそうもない。

まさに、J・S・ミルがいうように停止状態におちいっている。

高度経済成長が終了し、輸出と膨大な公共投資によって経済成長を促進してきたが、天文学的財政赤字が累積したことで、個人消費も冷え込み、成長ができなくなっている。

もちろん、二〇一二年一二月に第二次安倍政権が登場すると日本銀行に、すさまじい政治的圧力をかけて、異次元緩和という常識はずれの金融政策をおこなわせ、なんとか景気をもたせてきた。

だが、その副作用はきわめて深刻であり、一刻も早く正常な金融政策にもどさなければならない。

平成大不況におちいってしばらくたった二〇〇一年に小泉元首相は、アメリカ型の市場原理主義を強引に導入しようとしたが、マネーゲームなどが横行しただけで、いいモノづくり国家が崩壊しそうになって挫折した。しかも、賃金・所得格差などの経済格差がいちじるしく広がっていった。

とはいえ、現状であれば、まだかろうじて文字どおり一億総中流社会を実現するのも不可能ではない。日米欧のなかで、日本がもっとも定常型社会に接近しているからである。

定常型社会に接近する日本

ケインズ政策と管理通貨制に移行してからの現代資本主義は、国によって程度の差はあるが、すべて福祉国家である。自由競争資本主義が有効に機能しなくなって勃発した一九二九年世界恐慌を契機にして、国家が経済に介入するようになったからである。

ケインズ政策が遂行されることにより、労働者の労働条件の向上や福祉の充実などがはかられるようになった。

現代資本主義には、二類型があると考えられる。

ひとつは、アメリカのように、新自由主義的理念にもとづき、国家の経済への介入を最小限にし、競争を徹底する、その結果、賃金・所得格差など経済格差が拡大することを容認するという資本主義の類型である。

一九九〇年代からはじまる現代グローバリゼーションによって、アメリカにおいて、所得・資産（経済）格差がますます拡大したのはそのためである。

もうひとつは、ドイツのように、競争原理を徹底して働かせる市場経済を有効に機能させながら、公平性・公正さ・中立性がうしなわれたり、経済格差の拡大など経済的「不平等」が広がったりしたら、国家がその是正のために、経済に介入するというものである。

日本は、どちらかといえば、後者、すなわちドイツ型に分類できる。もちろん、ドイツなどは、定常型社会に近いと考えられる。

もちろん、ヨーロッパでの難民の大量受け入れにより、難民受け入れ反対・欧州連合（EU）離脱などを主張する極右政党やポピュリズム（大衆迎合主義）政党が台頭してきたことで、従来の考え方の修正がせまられているのは事実である。

したがって、「難民受け入れ規制」はいいことではないが、難民が少ない日本が、定常型社会にもっとも近いのではないかと考えられる。

日本でも、低成長下において、非正規雇用者が労働人口の四割あまりを占めるなど所得格差が広がってきてはいる。

ここで、非正規雇用を最大限正規雇用に転換し、賃上げ・労働条件の向上、福祉の充実、所得税の累進課税の強化・相続税の増税・資産課税の強化など、分配を変えることにより、定常型社会に移行することができると思われる。

（3）すすんで定常型社会へ

人間の「心」

J・S・ミルは、後世の人たちのために、必要に強いられて、定常状態にはいるはるか前に、みずから好んで定常状態にはいることを切望するとともに、定常状態における人間性の向上を強調している。

かつて人類が登場したころ、ようやくとれた少ない肉などをみんなで分け合って食べたが、ここではじめて人間に「心」が芽生えたという。みんなを思いやり、助け合って生きていこうという「心」である。アダム・スミスのいうところの「共感」であろう。

定常型社会というのは、「貧乏人も、金持ちもいない」社会、すなわち、国民総中流社会である。したがって、人をだましてまで、人を押し退けてまで、金持ちになろうとする気持ちがなくなるので、お互いを尊重し、助け合って生きていくという人間のほんとうの「心」がふたたびよみがえることであろう。

アメリカのように、貧富の格差が絶望的に広がると、低所得者の怒りはほんらい金持ちにむくはずなのに、移民・難民にむかうとか、ヨーロッパのように、国民の不満の原因を移民・難民に転化する極右政党が台頭するような状況を、なんとしても克服しなければならない。

ミルは、近代市民社会の大原則である、自由・平等・友愛および近代民主主義と多様性の容認・尊重を徹底するべきだといっている。

必要に強いられて、定常状態にはいるはるか前に、みずから好んで定常状態にはいることをミルが提唱したのはそのためであろう。

移民・難民問題が欧米ほど深刻ではなく、相対的に平等であるが、成長が停止している日本が、もっとも定常型社会に接近しているというゆえんである。

そのためには、市場経済を徹底的に機能させながら、そのために、公平性・公正さ・中立性がそこなわれるばあいには、国家が徹底的に是正する政策をおこなう必要がある。

日本での定常型社会

経済システムを環境保全型に大転換することによって、質的に高い経済成長が可能である。もちろん、経済成長と個人消費をさまたげている天文学的財政赤字を解消し、健全財政を実現しなければならない。

可能であれば、日本は、教育と医療の無償化などを実現し、北欧型福祉国家にもとづく定常型社会をめざした方がいいであろう。

賃金・労働条件の引き上げ、福祉の充実、全教育費・医療費の無償化などをおこなうために、累進課税の強化、相続税・贈与税などの資産課税の大増税などを前提に、国民負担率をかなり引き上げる必要がある。

もちろん、そのためには、国民の血税をビタ一文無駄遣いしない、国民すべての幸福追求のためにつかうという、きわめて高い政治家・官僚倫理の醸成が絶対不可欠である。

定常型社会に到達したかどうかのメルクマールは、すべての国民に一定額の資金を無条件に提供するというベーシックインカムの導入であると考える。国民すべてに国家が最低限の生活保障をおこなうということだからである。生存権の保障である。

数十兆円という膨大な財政資金が必要であるが、このことが実行されて、ようやく歴史上はじめて日本に定常型社会が登場する。

いまこそ、この歴史的使命を実現するために、全国民の参加のもと総力をあげて議論し、実行していくときである。

むすびにかえて

アメリカで二大政党の一角・共和党に所属するものの、移民・難民排斥や自国第一主義・保護主義をうったえるトランプ氏が当選した。

これは、現代の「各人と各人の戦争」を回避するための新たな統治形態ということができる。この「戦争」の実行者が既成政党から登場したところに、アメリカにおける政治的特徴がある。共和党が極右勢力の主張を取り込んだからである。

だが、この統治形態が長くつづくとは思えない。極右勢力の主張を取り込んだ共和党大統領が職を継続できるはずがないからである。

フランスでは、既成二大政党（共和党、社会党）に所属しないマクロン大統領が登場した。戦後、はじめてのことである。

このことは、有権者が現代の「各人と各人の戦争」を戦うことのできない既成政党を拒否したことをしめしている。もちろん、極右政党・国民連合（旧国民戦線）の大統領は受け入れなかった。フランス国民は、最低限の見識をしめした。

ドイツでは、総選挙で負けたメルケル首相は、かろうじて連立政権（ＣＤＵ／ＣＳＵとＳＰＤ）を維持したものの、議席減、ＡｆＤの台頭などにより政権の弱体化がいちじるしく、とうとう、二〇一八年一〇月に州議会選の敗北の責任をとって、ＣＤＵ党首選に出ないことを表明した。

イタリアでは、極右政党とポピュリズム政党の連立政権が誕生した。

弱体化が目立つ独仏政権は、ＥＵを牽引して景気を回復し、雇用を確保しなければならないが、それは不可能であろう。

とすれば、仏国民連合、独ＡｆＤなどの極右・右派政党がいずれ政権を奪取することも現実化する。それが、資本主義延命のための現代の「各人と各人の戦争」の究極の形態なのかもしれない。

もちろん、人類はそこまで愚かではないことを信じている。

日本は、欧米にくらべても、かなり事情が違っているようである。とりわけ難民の受け入れが少ないからである。

非正規雇用の激増などで経済・賃金格差が広がっているが、それは、移民・難民の大量受け入れの結果ではない。平成大不況対策の結果である。したがって、いまのところ現代の「各人と各人の戦争」は勃発していない。

日本では、高度経済成長の達成によって「一億総中流」社会が実現し、「労働者階級」が存在しなかったので、「労働者階級」の利益を代表する政党が存在せず、長きにわたり政権交代はなされなかった。

労働者の不満がたまったとしても、せいぜい自民党にお灸をすえるために、当時の社会党が議席を増やす程度であった。

ところが、非正規雇用者という「労働者階級」が急増し、労働者ばかりでなく、国民にも不満がたまると、ようやく民主党が政権の座を奪い取ったが、みじめな失敗に終わった。

もちろん、民主党政権の評判はすこぶる悪かったが、デフレ下でも経済が安定していた。デフレ下の安定だったので、深刻な副作用や後遺症は発生しなかった。

安倍政権下では、デフレでない状態となり、景気も回復したと喧伝されている。

非正規雇用者は、その多くが安倍政権を支持し、「労働者階級」としてではなく、多くがなんと「中流」として行動している。雇用が好調なこともあり、若者の安倍政権にたいする支持率が高い。これが、安倍政権の内閣支持率が比較的高い大きな要因のひとつである。

だが、安倍政権下で権力の私物化がすすみ、独裁政権のごとくである。欧米での政治の混乱とくらべたら、「お粗末」きわまりない。というより、前々世紀の遺物であろう。

安倍政権が倒れ、マグマのようにたまったこれまでの諸矛盾が爆発すると、いよいよ非正規雇用者はほんとうの労働者階級に「転化」するであろう。

安倍政権の支持率が高いのは、民主党政権があまりにもたるんでいた、というのはかんたんである。

政権担当能力がなかったということが、すべてなのであるが、中道左派と中道右派が同居するという無理のある政党であって、労働者・庶民の利益を真に代表する政党ではなかっただけのことである。

したがって、民進党の中道左派が、立憲民主党を設立したのは正常な政治の姿であると考えられる。ところが、立憲民主党が保守リベラルをめざすとすれば、政権奪取は不可能であろう。

現代の「各人と各人の戦争」が起こりえない日本において、かつての欧米のように、中道右派と中道左派の二大政党制が成立することになるかもしれない。そこで、これからの日本のあるべき姿を徹底的に議論するのがよい。

日本の一九八〇年代末の資産バブルの崩壊は、日本がもはや経済成長できなくなったということをしめすものである。その後、三〇年近くの間、経済成長は停止した。ミルのいう定常状態におちいったのである。

したがって、日本は、経済・賃金格差の縮小のために、分配を変えた「貧乏人も、金持ちもいない」定常型社会に移行すべきである。

ただし、北朝鮮問題が深刻化して、日本に大量の難民が流入してくると、欧米のように、現代の「各人と各人の戦争」が勃発することになるであろう。

したがって、自由・平等・友愛および近代民主主義と多様性の容認・尊重という近代市民社会の大原則に回帰するために、極右勢力の台頭を、国際的に抑制しなければならない。

そのため、難民が出ないような世界平和・国際経済協力をおこなうとともに、急速にすすんできた経済格差と地域格差の縮小が世界的規模でおこなわれなければならない。

新たな国家形態、たとえば、世界政府ないしは国家連合などが必要となるかもしれない。

世界政府ないし国家連合は、現代の「各人と各人の戦争」を回避するために、各種の規制を制定し、規制を実行するために、ある程度の強制力をもたなければならない。

各国の国民はもちろん、移民・難民、人種・民族・宗教の異なる人々の利益を確保するために、各国の調整をおこなうことが不可欠である。

現代の「各人と各人の戦争」を回避するためには、つぎのことが重要である。

ひとつは、さまざまな国々の歴史・文化・伝統の尊重、多様性の容認・尊重を徹底し、自国の価値観をけっして、他国に軍事力などによって強制しないこと、

もうひとつは、世界各国が協力して、発展途上国・新興諸国の地球環境に配慮した経済成長と、国民の生活水準の向上をはかること、

三つ目は、国際協調によって、テロリストを排除するとともに、世界平和の実現をはかること、

四つ目は、各国での賃金・所得格差などの経済格差の解消をすすめること、

五つ目は、真の平等、すなわち人種・民族・宗教などで差別しないことや可能なかぎりの移民・難民の受け入れ、

などを積極的に推進することが不可欠である。

これが、資本主義における現代のきわめて重要な課題であり、もしも実現できなければ、資本主義が崩壊する可能性すら危惧される。その結果、政治・経済システムは、混沌とした状態におちいるであろう。

とくに、異常気象など顕著となってきている現在、地球環境対策に世界が総力をあげて取り組まなければならない。アメリカは、「パリ協定」に参加すべきである。

さもないと、資本主義が崩壊する前に、「神」によって、人類が地球上から放逐されるであろう。世界がこぞって、定常型社会に移行するには、きびしいいばらの道をあゆまなければならない。

たとえ、そうだとしても、日本が先陣をきって、定常型社会に移行することの世界史的意義はきわめて大きいのである。

著者略歴

相沢　幸悦（あいざわ・こうえつ）

1950年生まれ。慶応義塾大学大学院経済学研究科博士後期課程修了、経済学博士
現在、埼玉学園大学経済経営学部特任教授、川口短期大学ビジネス実務学科客員教授
主　書
『世界経済危機をどう見るか』時潮社、2010年
『環境と人間のための経済学』ミネルヴァ書房、2013年
『「アベノミクス」の正体』日本経済評論社、2017年

もうひとつの神の見えざる手
──極右勢力台頭の政治経済学──

2019年３月20日　第１版第１刷　**定　価**＝2800円＋税
著　者　相　沢　幸　悦　©
発行人　相　良　景　行
発行所　㈲　時　潮　社
174-0063　東京都板橋区前野町４-62-15
電話（03）5915-9046
FAX（03）5970-4030
郵便振替　00190-7-741179　時潮社
URL http://www.jichosha.jp
E-mail kikaku@jichosha.jp

印刷・相良整版印刷　製本・武蔵製本

乱丁本・落丁本はお取り替えします。
ISBN978-4-7888-0730-3